Carmen Würth

CARMEN WÜRTH

Mit dem Herzen sehen.

von Wolfgang Bok

Swiridoff

2007 wird das von Carmen Würth initiierte Hotel-Restaurant Anne-Sophie
als »Ausgewählter Ort« bei »Deutschland – Land der Ideen« ausgezeichnet

❧ Wegweiser für Glückssucher

DIE IDEE ZU DIESEM BUCH entspringt einer Begegnung im Herbst 2009. Es herrscht gedrückte Stimmung im Land. Wieder einmal. Düstere Themen prägen die Gespräche. Euro-, Schulden- und Wirtschaftskrise. Das steckt an. Selbst bei jenen, die sich gar keine Sorgen machen müssen. Weder beruflich noch finanziell.

Als Hotelbetreiberin und »Mutter« eines Weltkonzerns, der heute für über 66.000 Mitarbeiter Verantwortung trägt, nimmt Carmen Würth selbstverständlich regen Anteil an derlei Unwägbarkeiten. Sie spürt die verbreiteten Ängste sehr direkt. Und doch hebt sich ihre positive Ausstrahlung angenehm ab von der verbreiteten Miesepetrigkeit. Die jugendlich-elegante Seniorin verstrahlt eine geradezu erfrischende Herzenswärme, die ansteckend ist. Worauf gründet dieser andere Blick auf den Lauf der Zeit? Hat sie etwa den Quell der Erfüllung entdeckt, nach dem so viele Menschen suchen und weshalb entsprechende »Anleitungen zum Glücklichsein« ganze Regalmeter in den Buchläden füllen?

Dann berichtet Carmen Würth von ihrer Arbeit mit behinderten Menschen. Sie erzählt davon mit einer Begeisterung, die den Zuhörer regelrecht in Bann schlägt. Und neugierig macht. Doch es dauert lange, bis sich die eher zurückhaltende Frau für den Vorschlag erwärmt, ihren Einsatz für ein verständnisvolles Miteinander von Menschen mit und ohne Handicap in Buchform zu fassen. Sie möchte sich nicht in den Vordergrund gerückt sehen, sondern lieber weiterhin im Hintergrund wirken. Taten sollen für sich sprechen – nicht die Person.

Überzeugt haben Carmen Würth dann zwei Argumente: Einmal, dass dieses soziale Engagement der besonderen Art durchaus eine breite Öffentlichkeit verdient, auch um mögliche Nachahmer zur Tat zu ermuntern. Denn die Begründerin des Hotel-Restaurants Anne-Sophie in Künzelsau hat im Umgang mit Behinderten durchaus Wegmarken gesetzt, wenn nicht gar ein Stück positive Sozialgeschichte geschrieben. Eben weil dieses besondere Haus der Gastlichkeit Vorurteile abbaut und behinderte Menschen in einem anderen, nämlich freundlich-positiven Licht ins Bewusstsein der sogenannten »normalen« Zeitgenossen rückt.

Und zweitens ist die gedruckte Form besonders geeignet, um die Kernbotschaft der gefühlvollen Macherin in einer aufmunternden Weise zu vermitteln: Mit dem offenen Aufeinanderzugehen helfen wir nicht nur den behinderten Menschen, sondern heilen auch unser eigenes oft krankes oder schlafendes Sozialempfinden. Dadurch gewinnen wir jene Menschlichkeit zurück, die im hektischen, von Egoismus geprägten Alltag zu leicht unter die Räder gerät – und die doch von immer mehr Menschen schmerzlich vermisst wird.

So ist diese erweiterte Biografie im tieferen Sinne selbst zu einem Ratgeber geworden. Er übersetzt das Lebensmotto von Carmen Würth, das sie schon als Schülerin in viele Poesiealben geschrieben hat, in eine praktische Gebrauchsanleitung: »Liebe, die man gibt, kommt ins eigene Herz zurück.« Wer sich um behinderte Menschen oder andere Bedürftige kümmert, wird reich belohnt, weil sich für ihn neue Welten erschließen. Für Glückssucher weist Carmen Würth den Weg. Man muss dafür gar nicht weit gehen.

Persönliche Briefe vervollständigen dieses Porträt. Familienmitglieder, Freunde und Mitstreiter würdigen die Jubilarin aus unterschiedlichen Perspektiven. Direkter als jeder Fremdautor vermitteln langjährige Wegbegleiter auf diese Weise viel über die gelebte Herzlichkeit und ansteckende Schaffenskraft, mit der Carmen Würth andere Menschen zur guten Tat anstiftet – und ihr Leben damit bereichert.

Wolfgang Bok, Weinsberg 2012

❤ Reinhold Würth an Carmen Würth

Mein lieber Schatz,

du feierst deinen 75. Geburtstag und ich überreiche dir bildlich einen riesigen Strauß dunkelroter Rosen. Ich möchte dir herzlich gratulieren und dir für die Zukunft von Herzen alles Gute wünschen.

Wir beide sind nun seit nahezu 56 Jahren verheiratet und haben praktisch zwei Generationen miteinander verbracht.

Schaue ich in diese fast sechs Jahrzehnte zurück und erinnere mich an unsere ersten Begegnungen in Friedrichshafen, dann ist mir, als ob es gestern gewesen wäre – gestern an einem sonnigen, warmen Sommertag: Innerhalb weniger Stunden war ich unsterblich in dich verliebt und sehe unsere Begegnung noch heute als göttliche Fügung an. Auch wenn wir ab und zu Differenzen hatten und haben, so wissen wir, dass uns erst der Tod scheiden wird.

Mein lieber Schatz, ich bin dir unendlich dankbar für vieles, was du für die Familie und mich getan hast. Du warst für die Familie immer der »Heimathafen«, du hast zu mir gehalten in guten und bösen Tagen und hast mich bis in die letzten Jahre hinein, wie eine Löwin ihr Junges verteidigt, vor den Angriffen der Öffentlichkeit geschützt.

Das sind Erlebnisse, Gedanken und Erinnerungen, die mir niemand ausreißen kann: Auf andere Art als vor 56 Jahren liebe ich dich heute noch wie am ersten Tag. Für mich sind glückliche Stunden, wenn wir beisammen sind und wenn wir miteinander das Einssein finden im Denken, in der Diskussion, in der Weltschau. Liebe Carmen, ich weiß, dass du oft eine gewisse Bitternis verspürst, weil du deine Begabungen und Neigungen, angefangen von deinem sportlichen Talent bis hin zu deinen literarischen und musischen Ansätzen, zugunsten der Familie zurückgestellt hast. Bitte gestatte mir einfach zu sagen: Du musst überhaupt keine Bitternis verspüren, du hast die Familie zusammengehalten, hast ein erfolgreiches Leben geführt, wie dieses Buch auch zeigt, und bist angesehen von jedermann.

Für mich sind unsere gemeinsamen Tage ganz besondere solche: Miteinander Kanons zu singen, miteinander spazieren zu gehen, fernzusehen, Freunde zu treffen – alles Resultate, die ohne deine Anwesenheit unmöglich wären – gibt es ein erfüllteres Leben? Ich meine Nein.

Wie viele unserer Zeitgenossen bewundern uns zutiefst, wenn sie hören, dass wir 56 Jahre verheiratet sind, und fragen, gibt es so etwas überhaupt? Mein lieber Schatz, ich meine, du kannst auf dein Leben und das, was du geschaffen hast an Sympathie in der Öffentlichkeit, an Harmonie in der Familie und Gemütlichkeit in den mehreren Wohnsitzen, mehr als zufrieden sein! In herzlicher Liebe

Dein
Reinhold

Marion Würth mit ihrer Mutter anläßlich der Präsentation der Schutzmantelmadonna am 22. Januar 2012 in der Johanniterkirche in Schwäbisch Hall

Marion Würth an Carmen Würth

Liebste Mutter,

*vor einiger Zeit erhielt ich die Aufgabe, anlässlich Deines bevorstehenden 75.!
Geburtstages einen Brief an Dich zu schreiben – einen Brief an Dich, für Dich,
oder einen Brief an Dich, für die Öffentlichkeit?*

*Ich habe schon immer befunden, daß die Öffentlichkeit unser Privatleben nichts
angeht, dennoch gibt es einige Dinge über Dich, über uns, die durchaus jeder
wissen darf …*
Die Essenz aus diesen ist:

DANKE!

*Ein Wort, das ich heute, selber im 54. Lebensjahr stehend, rückblickend von
ganzem Herzen an Dich richten möchte.*
*Um gleich den einführenden Gedanken nochmals aufzugreifen, möchte ich
hier anerkennen, daß Du es immer verstanden hast und mit oft unglaublichem
Kraftaufwand bemüht warst, während der turbulenten Entwicklung des Unternehmens und parallel dazu derjenigen der Familie die Öffentlichkeit draußen
zu halten.*
*Den Riesenspagat zwischen Deiner Rolle als Mutter, die die Familie mit all
ihren Hochs und Tiefs und schmerzlichen Schicksalsschlägen immer beding-
ungslos begleitet hat, und der Rolle als Ehefrau an der Seite eines unglaublich
dynamischen Mannes und derjenigen einer klugen, charmanten Repräsentantin
eines nicht nur in einem Land, sondern in vielen verschiedenen Kulturen der
Erde pulsierend agierenden Unternehmens hast Du bis zum heutigen Tag bra-
vourös bewältigt!*

Dies alles zu einem Gutteil in einer Zeit, die von großen gesellschaftlichen und linkspolitischen Turbulenzen geprägt war – ich stelle mir vor, daß damals speziell bei Frauen Deiner Generation, die sich plötzlich auf der sich seit den 68ern auf-gischtenden Welle der Frauenemanzipation wiederfanden, die Emotionen hin-sichtlich des Selbstverständnisses der Frau oft Achterbahn fuhren …?
Als Mutter von schulpflichtigen »Unternehmerkindern« mußtest Du Dir von einem unserer Lehrer sagen lassen, daß er grundsätzlich keine Arztkinder und keine Unternehmerkinder unterrichte … und hast es mit viel Engagement trotzdem hingekriegt, daß wir die Schulzeit einigermaßen schadlos überstanden haben ☺ !

Hervorzuheben ist aber nebst all diesen Anforderungen, die unser tägliches Leben mit sich brachte, ganz besonders Deine selbstlose Hingabe an unseren Bruder und damit verbunden an Deine Arbeit mit den ganz besonderen Menschen, die durch ein Handicap geistiger oder körperlicher Art einen ureigenen Kosmos mit Leben füllen, zu dem nur Zugang hat, den die Demut der Liebe hineinführt.
Über all das hinaus hast Du in den jüngst vergangenen Jahren noch die Energie aufgebracht, einem Traum, tief in Deinem Herzen liegend, Raum zu schaffen, mit dem Hotel Anne-Sophie, das aus jeder Ecke, vom liebevoll gerichteten Teller in der Küche bis zu dem Buch, welches im Bücherregal steht, von Deiner Liebe zu den Menschen spricht …

Von dieser Liebe umgeben durften wir alle aufwachsen – keine Selbstverständ-lichkeit in einer Zeit, die unsere zivilisierte Welt in eine irrsinnige Schnelligkeit treibt – in der ein liebes Wort Zeit kostet und Zeit Geld ist.

Liebe Mutter, dafür und für so viel mehr von ganzem Herzen Dank!
Möge weiterhin die Kraft der Liebe Deine hoffentlich noch vielen Jahre gestalten, vor allem bleib gesund und hab bei allem, was Du tust, viel Freude und einen unvergesslichen, bunten, glücklichen, wunderschönen 75. Geburtstag!

Mit den allerherzlichsten Glückwünschen
von Benjamin, Piia, Aurora und Sebastian

Deine Maron

Carmen und Reinhold Würth mit der Familie im Unternehmen

*Bettina Würth mit ihrer Mutter am 22. Januar 2012
in der Johanniterkirche in Schwäbisch Hall*

Bettina Würth mit Familie an Carmen Würth

Liebes Lindele,

als die Bitte auf meinem Tisch landete, für die Publikation anlässlich Deines 75. Geburtstages einen Brief zu schreiben, habe ich natürlich gleich »ja« gesagt. Aber erst, als ich mich ans Schreiben machte, wurde mir bewusst, dass es gar nicht so einfach ist, all das, was ich sagen möchte, in einen Brief zu packen. Aber ich werde es einfach mal versuchen.

Zunächst einmal gratulieren meine ganze Familie und ich Dir auch auf diesem Wege sehr herzlich zu Deinem 75. Geburtstag, ein stolzes Alter, das man Dir wahrlich nicht ansieht. Denn trotz Deiner sicherlich nicht immer ganz einfachen Rolle in unserer Familie hast Du Dich gut gehalten. ☺

Liebes Lindele, von Herzen wünschen wir Dir daher, dass Du noch viele glückliche und vor allem auch gesunde Jahre mit uns verbringen wirst.

Von Deinen 75 Jahren bist Du nun mehr als 55 Jahre mit Paps verheiratet und warst quasi seit Eurer Hochzeit die »gute Seele« oder vielmehr das »Herz« in unserer Familie. Du hast Paps immer den Rücken freigehalten, Dir war es aber immer auch wichtig, dass die Familie nicht zu kurz kommt. Und dies war bei solch einem umtriebigen Mann gar nicht so leicht.

Insofern bewundern wir Dich sehr dafür, dass Du es immer wieder geschafft hast und auch heute noch schaffst, die Balance zwischen Berufsleben und Familienleben so gut wie möglich zu wahren. Auf Dich konnten wir alle uns immer verlassen. Du warst und bist der ruhende Pol in unserer Familie.

Und trotz alledem hast Du Dich nie unterkriegen lassen und auch die Dinge verwirklicht, die Dir am Herzen liegen. Sei es durch die Gründung des Hotel-Restaurants Anne-Sophie, das seinesgleichen sucht, oder auch durch Dein Engagement bei den Special Olympics. Stets lagen dir die Bedürfnisse benachteiligter Menschen am Herzen und Du hast Dich mit Leib und Seele für sie eingesetzt.

Und die Erfolge geben Dir recht. Mit Fug und Recht kann man sagen, dass das Unternehmen auch ohne Dich nicht zu dem geworden wäre, was es heute ist. Ob die liebende Frau und Mutter, Schwiegermutter und Oma im Hintergrund oder nicht, Du warst und bist es, die die Fäden in der Familie zusammenhält.

Hierfür sind wir Dir alle zutiefst dankbar.

Liebes Lindele, von Herzen wünschen wir uns noch viele schöne gemeinsame Jahre, in denen Du die Dinge realisierst, die Dir wichtig sind und die nur — wie Du bei der Eröffnung des Hotel-Restaurants Anne-Sophie im März 2003 sagtest — mit Herzenskräften zu erreichen sind.

In Liebe und Dankbarkeit

Deine
Biene, Markus, Maria, Nikolaus, Benedikt

Sohn Markus malt der Mama eine Bildcollage, ca. 35 cm hoch

Stets ein Herz für Kinder – auch ganz spontan auf Auslandsreisen

Mit dem Herzen sehen

Das Knie plagt mal wieder sehr. Das Kreuz sendet die üblichen Schmerzwellen durch die Nervenbahnen. Und die neue Hüfte ist auch noch nicht richtig eingelaufen. Carmen Würth hätte an diesem Morgen reichlich Grund, Klage zu führen über die Widrigkeiten körperlicher Leiden. So wie es bei vielen Menschen im vorgerückten Alter zum täglichen Gesprächsstoff gehört. Doch die Frau mit der jugendhaften Ausstrahlung erzählt von eigenen Problemen allenfalls auf hartnäckige Nachfrage. Und das dann auch eher frohgemut. »Damit muss ich eben leben.« [1]

Viel eher treibt die charmante Gastgeberin gerade die Frage um, ob sie ihren Gesprächspartner am Telefon nicht zu früh behelligt hat. »Es war doch noch nicht einmal acht Uhr«, sorgt sie sich wieder einmal mehr um das Befinden der anderen als um das eigene. Typisch Carmen Würth, die Kümmerin.

Natürlich ist sie auch zu dieser frühen Stunde in ihrer Mission unterwegs: behinderten Menschen das Leben erträglicher zu machen. Ihnen einen würdigen Platz in der Gesellschaft zu verschaffen – und diese Gesellschaft für die Einsicht zu gewinnen, dass ein Miteinander auch für die Nicht-Behinderten von Vorteil ist. Dafür werden unermüdlich Netzwerke gesponnen, Hilfen organisiert und die eigenen Einrichtungen am Laufen gehalten. Das kostet viel Kraft.

Deshalb ist für die eigene Malaise kein Platz. Obwohl sie sich nun schon seit Jahrzehnten damit quält. Dass sie sich als junge Mutter ein veritables Rückenleiden zugezogen hat, stellt sich erst viele Jahre später heraus.

Nach einer langen Odyssee des Leidens diagnostizieren Experten im Kern-spin-Zentrum in Stuttgart: »Einen schlimmeren Bandscheibenvorfall kann es nicht geben.« Wieder dauert es, bis man sich zur Operation ent-schließt. Im Bundeswehrkrankenhaus in Ulm wird dann 1995 endlich der erlösende Eingriff vorgenommen. Der Patientin von damals sind die Worte des behandelnden Arztes noch gut in Erinnerung: »So etwas habe ich noch nie operiert. Das muss ein uralter Bandscheibenvorfall gewesen sein.«

Bis heute wundert sich Carmen Würth, dass ausgerechnet ihr so etwas passiert ist. Sie war nicht übergewichtig, sondern ganz im Gegenteil von zierlicher Figur. Und überaus sportlich dazu. In ihrer Jugend in Friedrichs-hafen fällt die leidenschaftliche Turnerin und Leichtathletin als besonders gelenkig und leistungsstark auf. Der städtische Sportverein integriert sie deshalb vorzeitig in die Jugendabteilung, »obwohl ich eigentlich noch zu jung war«. Früh bekommt das engagierte Mitglied das »Goldene Sport-abzeichen« verliehen. »Vielleicht«, sagt Carmen Würth heute rückblickend, und dabei erhellt ein spitzbübisches Lächeln das zarte Gesicht, »war ich zu beweglich.« Den Schmerz, den sie nach wie vor »Tag und Nacht durch den ganzen Körper« spürt, erträgt sie mit aristokratischer Fassung: »Es gibt Wichtigeres.«

Wer ist diese Frau, die vor allem Augen für die Leiden anderer hat? Die sich so sehr für Benachteiligte engagiert und ruhelos dafür kämpft, um die Welt, in der sie lebt, »wenigstens etwas gerechter« zu gestalten? Wurde ihr die Liebe zu den Menschen in die Wiege gelegt?

I.

KINDHEIT IN DEN KRIEGSWIRREN

Ein Sonntagskind ist geboren

Diese Wiege steht in Pforzheim, das man schon damals die »Goldstadt«
nennt. Dort, am Rande des Nordschwarzwaldes, zwischen Stuttgart und
Karlsruhe gelegen, erblickt Carmen Linhardt am 18. Juli 1937 im örtlichen
Krankenhaus das Licht der Welt. Es ist ein sonniger Sonntag – und die
Eltern Margot (1912 – 2007) und Hans (1904 – 1973) freuen sich sehr über
ihre erste Tochter, kaum zwei Jahre, nachdem ihnen mit Wolfgang der
erste Sohn geschenkt wurde. Ob sie schon ahnen, dass die Bezeichnung
»Sonntagskind« auf Klein-Carmen in besonderer Weise zutrifft?

Zunächst einmal muss ein anderer Name gefunden werden. »Ich sollte
eigentlich Hannelore heißen. Doch bei mir schlug offensichtlich die dunkle
Linie der Familie durch, deren Wurzeln zu den Hugenotten zurückreichen.
Mein Bruder Wolfgang war hellblond mit blauen Augen. Ich war das
genaue Gegenteil. Der vorgesehene Name passte nicht zu den pechschwar-
zen Haaren und tiefbraunen Augen. Also haben sich meine Eltern, die ja
sehr musisch geprägt waren, an die Oper von Georges Bizet erinnert. Und
so wurde ich auf Carmen getauft.« Was zunächst gar nicht so einfach ist.
Dem völkisch gesinnten Standesbeamten ist der Name zu fremdländisch
und nicht arisch genug. Nur mit Mühe und viel Überzeugungskraft erreicht
der Vater die Eintragung in das Geburtenregister.

Die Generation, die man später in der Geschichtsschreibung als »Kriegskinder« bezeichnet, wird in eine Zeit schicksalhafter Umwälzungen hinein-
geboren. Die Nationalsozialisten haben das Deutsche Reich seit 1933 fest
im Griff und rüsten bereits zu einem neuerlichen Waffengang, kaum dass
Carmens Eltern die Entsagungen des Ersten Weltkriegs und die Wirrnis

der Weimarer Republik überwunden haben. Eine merkwürdige Spannung liegt in der Luft: Im Mai 1937 wird in Paris die Weltausstellung unter dem Motto »Kunst und Technik im modernen Leben« eröffnet und zwei Tage nach Carmens Geburt müssen die ersten 149 Häftlinge das Konzentrationslager Buchenwald unweit von Weimar selbst errichten.

Die Dunkelheit bricht herein

Doch davon spürt man in Pforzheim noch wenig. Das geschäftige Leben geht seinen Gang und die Stadt gilt als »blühendes Zentrum der Uhren- und Schmuckindustrie«. Deren umtriebige Unternehmer bringen von der Weltausstellung in Paris – das Deutsche Reich ist an der Seine mit einem monumentalen Pavillon vertreten – viele Preise mit, wie die lokalen Zeitungen stolz vermelden. Am Wochenende von Carmens Geburt begeistert der Zirkus Busch-Berlin die Bevölkerung »mit einem glänzenden Auftakt« auf dem Messplatz, worüber die »Pforzheimer Rundschau« die erste Lokalseite zur Hälfte füllt. Im Ufa-Theater läuft »Wenn Frauen schweigen«, das örtliche »Moderne Theater« führt »Der Jäger von Fall« auf.[2] Carmens Vater Hans arbeitet als Schlosser und Maschinenbauer in der örtlichen Papierfabrik. Mutter Margot versorgt als patente Hausfrau Kinder und Heim. Man wohnt zur Miete.

Doch schon das Jahr 1942 hat sich bei Carmen als besonders dunkles Schicksalsjahr im Gedächtnis eingebrannt. Der Krieg, den Deutschland am 1. September 1939 mit dem Überfall auf Polen vom Zaun bricht und der sich nach und nach zum barbarischen Zweiten Weltkrieg entwickelt, ist nun auch zunehmend in Pforzheim spürbar. Die britische Luftwaffe beginnt mit der »Area Bombing Directive«, dem Flächenbombardement auf deutsche Städte. Noch aber wird die Hochburg der Feinmechanik nicht als wichtiger Produzent von Rüstungsgütern, vor allem von Zündern und Munition, erkannt – und bleibt vorerst verschont. Das ändert sich zwei Jahre später dramatisch: Ab Mitte 1944 gerät auch die verwinkelte Fachwerkstadt ins Fadenkreuz der Bomber. Die Briten wissen, sie ist leicht entflammbar.[3]

Ein tragischer Schicksalsschlag

Weil die freie Wahl des Arbeitsplatzes in der NS-Diktatur seit 1937 aufgehoben ist, wird der Vater 1942 zur Zahnradfabrik nach Friedrichshafen (ZF) »kriegsverpflichtet«. Dort kann man den gelernten Maschinenbauer gut gebrauchen. Arbeitsfähige Männer sind knapp zu jener Zeit, da die Jüngeren massenhaft auf den »Feldern der Ehre« verheizt werden. Zumal im Osten: Am 22. Juni 1941 um 3.14 Uhr beginnt die Deutsche Wehrmacht ihren »Blitzkrieg« gegen die Rote Armee der Sowjetunion, der viele Millionen Menschen das Leben kostet und letztlich den Niedergang des Hitler-Regimes und des Deutschen Reiches einleitet.

Die junge Familie muss also umziehen. Mutter Margot ist im August 1941 mit Packen beschäftigt. »Normalerweise hat sie uns mittags schlafen gelegt«, erinnert sich Carmen. »Doch mein Bruder wollte lieber draußen spielen. So durften wir in den Hof des Hauses, der zur Straße hin geschlossen war. Das Haus gehörte jedoch einer alten Dame, die Kinder nicht sonderlich mochte und auch sonst recht garstig war. Sie jagte uns also vom Hof nach draußen auf die Straße. Eine Viertelstunde später wurde mein Bruder Wolfgang von einem Kohletransporter überfahren. Er war sofort tot. Mit noch nicht mal sechs Jahren.« Gerade vier Jahre alt, muss das kleine Mädchen Carmen einen ersten schweren Schicksalsschlag verkraften, »den ich heute noch spüre«. Es sollte nicht der letzte sein.

Glück im Unglück: Umzug nach Friedrichshafen

Erste Bombenangriffe, aufkommende Versorgungsknappheit, mühevoller Umzug von Pforzheim nach Friedrichshafen am Bodensee – und dann noch die Beerdigung des ersten Sohnes Wolfgang: Es ist alles andere als eine leichte Zeit für die Familie Linhardt. Schmerz, Entsagung und Anpassung an eine neue Umgebung erfordern viel Kraft. Doch auch die neue Heimat wird zunehmend zum Kriegsziel.

Nach Gottes unerforschlichem Ratschluß
wurde unser liebes, gut, unvergeßliches Kind

Wolfgang

durch tragischen Unglücksfall im sonnigen
Alter von $5\frac{1}{2}$ Jahren uns jäh entrissen.
Für die vielen Beweise inniger und herzlicher
Anteilnahme danken wir von ganzem Herzen
und auch allen denen, welche uns bei dieser
harten Prüfung Trost zusprachen und unser
geliebtes Kind bei seinem letzten Weg be-
gleiteten.

In tiefem Leid
im Namen der trauernden Hinterbliebenen:
Hans Linhardt und Frau Margot, geb. Bächle,
und Schwesterlein Carmen.

Pforzheim, den 30. August 1941.
Kaiser-Friedrich-Straße 122.

Gleichwohl erweist sich der Umzug als doppelt glückliche Fügung in einer Zeit des Unglücks.. Einmal entgeht die Familie dadurch der furchtbaren Bombennacht, die am 23. Februar 1945 über Pforzheim hereinbricht und große Teile der Stadt in Schutt und Asche legt. Von den 79.000 Einwohnern, die bei der Volkszählung 1939 registriert wurden, kommen 17.600 Bürger ums Leben. Berücksichtigt man, dass viele der männlichen Einwohner im Krieg sind, dürfte jeder vierte Pforzheimer in jener mörderischen Feuernacht getötet worden sein.[4] Stadtarchivar Christian Groh beschreibt die todbringende Nacht so: »Um 19 Uhr 45 wurde durch Sirenen das Signal ›Akute Luftgefahr‹ gegeben. Die Pforzheimer eilten wie so häufig in den vergangenen Monaten in die Luftschutzräume. Fünf Minuten nach dem Signal näherten sich aus westlicher Himmelsrichtung die ersten Flugzeuge der Royal Air Force. Insgesamt 368 Maschinen flogen einen der folgenreichsten Angriffe des Zweiten Weltkriegs und ließen in nur 22 Minuten Bomben im Gesamtgewicht von 1575 Tonnen auf die Goldstadt nieder. Das Gemisch aus Spreng- und Brandbomben, Brandkanistern und Luftminen wirkte sich in der Innenstadt mit ihren engen Straßen und Gassen katastrophal aus. Große Flächenbrände vereinigten sich schnell zu einem gewaltigen Feuersturm. Wegen des Ausfalls der Löschwasserversorgung konnte die Feuerwehr nichts mehr ausrichten. Auf einer Länge von drei Kilometern und einer Breite von eineinhalb Kilometern brannten sämtliche Gebäude komplett aus. Menschen, die sich nicht rechtzeitig aus der Innenstadt in die Außenbezirke oder in Keller retten konnten, waren ohne jegliche Überlebenschance. Aber auch in den unterirdischen Luftschutzräumen starben viele Menschen, da die Flammen des Feuersturms den Sauerstoff aus den Kellern raubten. Wer dem Erstickungstod durch Flucht auf die Straßen zu entkommen suchte, verglühte in den Flächenbränden oder im Feuersturm. Nicht wenige von denen, die sich in die Flüsschen Enz und Nagold gestürzt hatten, um dem Verbrennungstod zu entgehen, ertranken.«[5]

Unter den Opfern ist auch die gesamte Verwandtschaft von Carmens Mutter Margot, geborene Bächle. Doch die schlimme Nachricht erreicht die Familie Linhardt in Friedrichshafen so spät, dass sie nicht einmal mehr zur Beerdigung anreisen kann. Die Eltern des Vaters sind nur knapp mit dem Leben davongekommen, »weil sie in einem der wenigen Stadtteile gewohnt haben, der vom Bombenhagel verschont blieb«. Carmen Würth sind jene dramatischen Zeiten noch heute gegenwärtig.

FLUCHT IN DIE OBERSCHWÄBISCHE EINÖDE

Eine weitsichtige Entscheidung ist es auch, frühzeitig das nun ebenfalls von Luftangriffen bedrohte Friedrichshafen zu verlassen. Denn die Stadt am Bodensee hat sich mit Großbetrieben wie dem Luftschiffbauer Zeppelin, der Motorenfabrik Maybach, der Dornier-Gruppe, der Turbinen-Union und der ZF Friedrichshafen AG zu einem bedeutenden Rüstungszentrum entwickelt. Also gerät auch dieses Gebiet ins Visier der Alliierten. Carmen Würth erinnert sich an diese furchtbaren Kindheitserlebnisse:

Ehemaliges Wohnhaus der Familie Linhardt im Wilden Ried

»Bei Fliegeralarm sind alle Leute in die Keller gerannt. Dort hat es manchmal so gerüttelt, dass wir einen halben Meter hochgeflogen sind. Meine
Mutter hat mich eng im Arm gehalten und beschützt. Einmal haben wir
uns erst nach Stunden aus dem Keller getraut – und vom dreistöckigen
Nachbarhaus war die ganze Seitenfront weggerissen. Man sah noch ein
paar Stühle stehen. Alles andere war weg. Die Menschen haben von jetzt
auf nachher nichts mehr gehabt.«

Carmen mit Mutter Margot Linhardt

Mutter Margot hat wohl früh erahnt, dass es noch schlimmer kommen
würde – und die Initiative zur Flucht ergriffen. Rückblickend sieht Carmen
Würth das so: »Sie kam aus einem Geschäftshaushalt und war gut im
Organisieren. Also hat sie in der Zeitung eine Annonce aufgegeben, in der
sie einen Arbeitsplatz auf dem Land gesucht hat.« Die Anzeige bringt die
erhoffte Resonanz. Es melden sich die Bauern vom abgelegenen Hof »Wildes Ried« in der Nähe von Oberessendorf. So ziehen die Linhardts von
Friedrichshafen mitten hinein ins tief ländliche Oberschwaben. Der Vater

wird zwar nicht als Soldat eingezogen, er ist jedoch oft und lange von Zuhause weg, weil er in den ausgelagerten Produktionsstätten von ZF gebraucht wird oder fernen Kunden den Umgang mit den Maschinen beibringen muss. Die Mutter ist mit den Kindern – 1946 wird Carmens Bruder Hanspeter geboren – daher häufig auf sich gestellt.

GLÜCKLICHE KINDHEIT AUF DEM BAUERNHOF

Der Hof »Wildes Ried«, einsam auf einer Waldlichtung zwischen Biberach und Bad Waldsee gelegen, wird zur Oase des Friedens inmitten des Kriegs. Hier lebt man buchstäblich weit ab vom Schuss. Die Mutter hilft im Haushalt mit, der noch kein fließendes Wasser kennt. Doch für Klein-Carmen sind die Jahre auf dem Bauernhof mit die schönsten Kindheitserlebnisse: »Ich hatte direkten Kontakt zu allen Tieren. Habe sie geputzt, gestreichelt und habe die Kühe gemolken. Ich habe mit den anderen Kindern gespielt und hier glückliche Jahre erlebt. Das hat mich sehr geprägt. Ich sehe mich noch heute über das Torfgelände laufen, wo die Blaubeeren gewachsen sind und das Heidekraut.« Oft ist sie alleine und vertreibt sich die Zeit mit ausgedachten Geschichten. Im Geiste richtet sie behagliche Wohnungen ein – so wie es später einmal Wirklichkeit werden sollte.

Schon die Lehrjahre in der oberschwäbischen Abgeschiedenheit prägen das sensible, frohgemute Kind: Zur Schule muss sie weite Weg gehen. Zuerst zu Fuß nach Oberessendorf, später nach Winterstettendorf. »Ich war oft eine Ewigkeit unterwegs und gerade im schneereichen Winter meist völlig durchnässt.« Der eine Lehrer hat dann im Klassenzimmer kräftig eingeheizt, eine Wäscheleine aufgespannt und die Kleidung der bis zu sechzig Schüler getrocknet. Von der anderen Lehrerin »habe ich Tatzen bekommen, weil ich oft zu spät kam.« Der Grund: Auf dem langen Fußweg zur Schule tun ihr die Tannen leid, die schwer an ihrer Schneelast tragen müssen. Also schüttelt Carmen den Schnee von den Ästen – und vergisst darüber die Zeit. »Die dumme Tussi in der Schule hat das gar nicht verstanden und mich bestraft«, erregt sich Carmen Würth noch heute.

GUTE LEHRER, SCHLECHTE LEHRER

Vielleicht haben diese frühen Erlebnisse den Sinn für gute Pädagogik geschärft, den sie heute für ihr Denken und Handeln als zentral erachtet. »Gute Pädagogik wäre es gewesen, wenn mich die Lehrerin gefragt hätte, warum ich zu spät komme. Dann hätte sie mich für meine Sorge um die Natur loben können – um mir dann zu sagen: ›Es ist gut, was du machst, aber besser wäre es nach der Schule auf dem Heimweg.‹ Man muss doch in die Kinderseelen hineinhorchen. Es tut mir in der Seele weh, wenn man an Kinder falsch herangeht.«

Auch diese Erfahrung ist – viele Jahre später – ein Anreiz, im eigenen Hotel-Restaurant Anne-Sophie in Künzelsau und in der 2006 von Tochter Bettina Würth gegründeten Freien Schule Anne-Sophie eine Pädagogik umzusetzen, die vor allem den Menschen zugewandt ist, sie an die Hand nimmt und nach den jeweiligen Möglichkeiten zum Erfolg führt.[6] »Hier habe ich noch viele Pläne, die ich hoffentlich umsetzen kann, bevor ich alt werde«, kündigt die rührige Frau im vorgerückten Rentenalter an, die auch nach einem Dreivierteljahrhundert so gar nicht nach Seniorin aussieht. »Eine Kochschule für Kinder beispielsweise, um ihnen den Wert guter Ernährung nahezubringen.«

GOLDMARIE UND PECHMARIE

Noch etwas anderes wird in jener Zeit auf dem »Wilden Ried« in Oberschwaben geweckt: ein sympathisches Pflichtbewusstsein. »Ich war damals oft allein. Habe viel mit mir selbst gesprochen und mir meine Traumwelt ausgemalt«, erinnert sich Carmen Würth an die Jahre auf dem Bauernhof. Auch Grimms Märchen hat sie gelesen – und dabei besonders »Frau Holle« ins kleine Herz geschlossen. Genauer: die Stieftochter Marie, der keine Aufgabe zu viel ist. Die das fertige Brot vor dem Verbrennen im Ofen bewahrt und den Baum von der Last der Äpfel befreit – und letztlich als Anerkennung von Frau Holle mit Gold überschüttet wird. »Diese Dinge haben einen Aufforderungscharakter. Wenn ich etwas sehe, das nicht in Ordnung ist, dann ist das eine Aufforderung, mich um meine Mitmenschen zu kümmern«, deutet Carmen Würth diese frühe Erfahrung als ihr Lebensmotto.

Ihr Pflichtbewusstsein kommt Carmen sehr zupass, als die Familie nach dem Krieg wieder zurück nach Friedrichshafen zieht. Elf heftige Luftangriffe der alliierten Streitkräfte zwischen 1943 und 1945 haben der Stadt schwer zugesetzt. Etwa 55 Prozent des Wohnraums sind zerstört, halten die Historiker fest. Auch beim größten Arbeitgeber, der Zahnradfabrik, bleibt kaum ein Stein auf dem anderen. Und was noch zu gebrauchen ist, nehmen die französischen Besatzungsmächte mit. Das Stadtarchiv berichtet von »enormen Härten« für die Menschen bis Anfang der 50er-Jahre.[7]

Auch Vater Hans muss sich mit Gelegenheitsarbeiten durchschlagen, um die mittlerweile wieder vierköpfige Familie durchzubringen. Die Erinnerung an das Kriegsende ist dem damals achtjährigen Mädchen noch heute gegenwärtig: »Als wir zurück in die alte Werkswohnung kamen, war alles weg. Wir hatten alles verloren. Die ganzen Möbel waren ausgeräumt. Wir mussten von vorn anfangen. Also hat man hart gearbeitet und gespart. Auf die erste Matratze, auf die erste Lampe. Dieser Aufbau aus dem Ruinenland war kein Wirtschaftswunder, es war harte Arbeit. Ich habe viel Respekt vor den Menschen, die das alles geleistet haben.«

FOLGENSCHWERER IRRTUM: DER VATER KOMMT IN HAFT

Zu allem Unglück wird der Vater dann auch noch von der französischen Besatzungsmacht für ein SS-Mitglied gehalten und ein Jahr lang in Ravensburg ins Gefängnis gesteckt. Dabei ist alles nur ein Missverständnis: Hans Linhardt, der die musische Begabung von seinen aus Bayreuth stammenden Eltern geerbt hat, ist Mitglied im Firmenorchester bei ZF und spielt Violine. Auf einem Foto, das er in seiner Brieftasche trägt, ist er mit dem

Ensemble im dunklen Anzug abgebildet. Es fällt den französischen Soldaten bei einer routinemäßigen Hausdurchsuchung in die Hände. Sie halten es für den Beleg der Verstrickung mit den Nationalsozialisten und verhaften den Vater. »Sie haben ihn auf einen Lastwagen geladen und weggekarrt.« Rechtsschutz gibt es damals nicht. Die Sieger haben das Sagen. Bei der Entnazifizierung ist man nicht zimperlich.

Es dauert ein dreiviertel Jahr, bis Mutter Margot ihren Mann überhaupt ausfindig machen kann. Dabei ist der eigentliche Besitzer des Hofes »Wildes Ried«, ein Kommerzienrat aus Konstanz, behilflich, indem er seine Kontakte zu den Behörden nutzt. Nach einem Jahr ist auch diese schwere Prüfung überstanden. Der Vater kehrt aus Ravensburg heim. »Abgemagert, krank und halb totgeschlagen«, so hat die Tochter ihn heute noch vor Augen. Später nimmt der Vater seine Arbeit bei der Zahnradfabrik wieder auf, der er bis zu seiner Verrentung 1969 treu bleibt. Die ZF, wie der namhafte Hersteller von Fahrzeugkomponenten allgemein genannt wird, stellt der Familie die Werkswohnung weiterhin zur Miete günstig zur Verfügung. Man ist genügsam und es geht langsam aufwärts. »Da hat man kein Mineralwasser gekauft, sondern Wasser aus dem Hahn getrunken. Und keiner ist daran gestorben. Damals waren alle schlank«, verdeutlicht die heute wohlhabende Unternehmersgattin die Wurzeln ihrer eher bescheidenen Lebensführung. »Wir sind in den Wald gegangen, um Beeren zu suchen.« Kriegskinder eben, vom Mangel erzogen. Wie ihr späterer Mann Reinhold. Das verbindet bis heute. »Wir haben noch Freude an einem Tomatenstöckchen.«

LEHRJAHRE IN DER GASTRONOMIE

Doch erst einmal steht die Ausbildung an. Nach der Volksschule wechselt Carmen in die private Handelsschule St. Antonius in der Karlstraße. »Das Gymnasium konnten wir uns nicht leisten. Die Handelsschule war deutlich billiger und ich habe sie mir sehr gewünscht. Es war eine sehr gute Ausbildung, denn die Schule wurde von Nonnen geleitet«, blickt die begeisterte Schülerin gerne zurück. »Damals hatte man den Wunsch nach einer guten Ausbildung. Danach haben alle Schüler gestrebt. Ich habe noch heute hohe Achtung vor den Lehrern, die uns so viel beigebracht haben. Ich wusste oft mehr als mein Mann von seiner Oberschule in Künzelsau.«

Nach der einjährigen Handelsschule ist es naheliegend, sich für einen Bürojob zu bewerben. Erste Adresse ist ZF, also die Zahnradfabrik, die in weitem Umkreis als begehrter Arbeitgeber gilt. Damals wie heute. Doch die angestrebte Stelle steht vorerst nicht zur Verfügung. »Also bin ich rumgelaufen und habe gefragt: ›Brauchst du einen Lehrling?‹« Die Familie Jehle, die das Hotel »Das goldene Rad« und die Gastwirtschaft »Sonne« betreibt, nimmt das Angebot gerne an. So kommt die gerade Sechzehnjährige in die Gastronomie – und hat große Freude an dieser Arbeit. »Das hat mir viel Spaß gemacht. Ich bin in der neuen Aufgabe total aufgegangen.« Sie fühlt sich nicht als lernende Hilfskraft, sondern als aufmerksame Gastgeberin. Etwa, wenn der Ober späte Gäste mit dem barschen Hinweis vor den Kopf stößt, dass die Küche schon geschlossen sei. »Das hat mich geärgert. Ich habe doch gewusst, dass in der Küche noch reichlich da ist. Man brauchte es nur herzurichten. Also habe ich selbst die Suppe warm gemacht und serviert. Das hat den älteren Angestellten natürlich nicht gepasst. So bin ich oft ins Fettnäpfchen getreten.« Doch Pflichtbewusstsein und Hilfsbereitschaft sind stärker als die Furcht vor gestrengen Kollegenblicken. »Ich war immer in Bewegung und habe das G'schäft gesehen. Socken gewaschen, aufgeräumt, serviert. In der Küche geholfen oder die Fremdenzettel zur Polizei gebracht. Was eben anfiel. Mir war nichts zu viel.« Eine schwäbische Goldmarie eben, die sich um keine Aufgabe drückt.

Das Engagement der jungen Servicekraft bleibt auch den Hotelbesitzern nicht verborgen. »Die hatten mich richtig ins Herz geschlossen. Und als ich gegangen bin, saß die Chefin da und hat geweint.« Gerne wäre Carmen Linhardt in der Gastronomiebranche geblieben. »Es hat mir ja sehr gut gefallen.«[8] Aber als dann die Zahnradfabrik auf die Bewerbung der jungen Frau zurückkommt und ihr einen »tollen Posten« anbietet, sprechen auch die Eltern ein Wörtchen mit: »Die haben gesagt, da verdiene ich mehr und

*Familienausflug
nach Meersburg (oben);
Jugendbild, Verein für
Bewegungsspiele Fried-
richshafen (unten)*

habe einen geregelten Feierabend. Also hat man gemacht, was Vater und Mutter empfohlen haben.« So siegt die Vernunft über das Herz. »Obwohl ich kein Büromensch bin.«

Junge Chefsekretärin bei ZF

Doch das Angebot des renommierten Automobilzulieferers ZF ist zu verlockend. Eben 17 Jahre alt geworden, wird Carmen Linhardt Sekretärin bei einem der drei Direktoren des Werks, das in den 50er-Jahren bereits wieder über 5000 Mitarbeiter (heute rund 65.000) beschäftigt und sich in der Antriebs- und Feinwerktechnik weltweit neue Märkte erschließt. Ihr Chef ist für den Betriebsablauf zuständig – und sie ist somit bereits Chefsekretärin. Neben den üblichen Büroarbeiten besteht die Hauptaufgabe darin, die Berichte der Vertriebsmitarbeiter aufzuzeichnen, »wenn diese nach Monaten aus fernen Ländern zurückkamen, wo sie Getriebe für Traktoren verkauft hatten. Die haben dann erzählt, was anliegt und was zu verbessern ist. Das habe ich in lesbare Protokolle verwandelt.«

Die Aufgabe ist anspruchsvoll. »Ich musste mich sehr anstrengen und habe nebenher noch Stenografie gelernt. Das war damals alles noch Handarbeit. Ich bin sogar samstags freiwillig ins Büro gelaufen, um Liegengebliebenes aufzuarbeiten. Nie wäre ich auf die Idee gekommen, dies abzurechnen. Ich sah dies einfach als meine Pflicht.« Mehr noch: als freudige Pflicht.

»Fragt die Oma, solange sie noch lebt«

»Diese charakterliche Gabe ist ein Geschenk Gottes«, sinniert Carmen Würth über die Frage, warum ihr die Aufgaben selten zur Last werden. Eine Rolle spielt jedoch auch die familiäre Prägung, wie sie in der Erinnerung zurückkommt: Die Eltern und Großeltern haben dieses umsichtige Sich-Kümmern vorgelebt. Sie haben die kleine Carmen beeindruckt mit ihren handwerklichen Fähigkeiten, mit ihrem Geschick, auch mit wenigen

Habseligkeiten ein behagliches Zuhause zu schaffen. Die Frau, die inzwischen längst selbst Uroma ist, leitet daraus eine weise Empfehlung ab: »Ich wollte meiner Oma, also der Mutter meines Vaters, noch so viele Fragen stellen. Doch da hat sie schon nicht mehr gelebt. Deshalb rate ich heute: Wenn ihr eine Großmutter habt, dann geht hin und fragt sie nach ihrem Leben. Eines Tages ist sie tot – und ihr könnt nicht mehr fragen.«

Aufbruch und Enge

In Friedrichshafen herrscht Aufbruchstimmung. Die schlimmsten Kriegsfolgen sind beseitigt, die ärgste Not gelindert. Später wird man die 50er-Jahre die Zeit des Wirtschaftswunders nennen. Die Freude am Leben kehrt zurück. Das erste Fahrrad, das erste Auto, wieder volle Regale und Teller. James Dean wird zum Idol der Jugend, Rock 'n' Roll erobert die Jugendmusikszene. Am beschaulichen Bodensee wird die Last des Krieges zwar etwas gemächlicher abgeschüttelt, aber der Wandel ist auch hier tiefgreifend und allgegenwärtig.

Doch von der neuen Freiheit, der Sehnsucht nach Genuss, Spaß und Wohlstand halten sich die Linhardts fern. Vater Hans hat nun zwei furchtbare Kriege erlebt. »Er war auf der Suche nach Orientierung, nach geistigen Werten, nach Frieden und Seelenruhe«, erläutert die Tochter die religiöse Neuorientierung. »Auch die klassischen Kirchen hatten Schuld auf sich geladen. Damals war die Neuapostolische Kirche stark unterwegs und hat missioniert. Mein Vater war von den Botschaften angetan. So sind wir von der evangelischen Kirche zur Neuapostolischen Kirche übergetreten.« Die junge, lebensfrohe Carmen hat dies nicht nur in guter Erinnerung. »Ich musste aus meinem Konfirmationsunterricht raus. Das ist mir nicht leicht gefallen.«

Weltliche Freuden sind in dieser Kirche nicht willkommen. Besonders der Verzicht auf musische Ereignisse außerhalb der Kirche fällt ihr schwer. Denn früh hat sie ihr Herz der klassischen Musik geöffnet, auch dank

»meines Vaters, der aus Bayreuth stammt und das Musische in der Familie gepflegt hat«. Dem stehen die neuapostolischen Vorgaben entgegen.

Für sich zieht sie daraus jedoch den Schluss, aus allen Lehren nur das jeweils Sinnvolle herauszuziehen und allzu gestrenge Auslegungen, die dem eigenen Freiheitsdrang widerstreben, einfach nicht zu beachten. Daher resultiert unter anderem ihre Sympathie für Friedrich Schillers rebellische Natur, den sie bis heute verehrt. Dieser Eigensinn erleichtert ihr später auch den Zugang zu Rudolf Steiners Schule der Anthroposophie: Mit komplizierten Theorien hält sich Carmen Würth nicht auf, zu enge Vorgaben oder gar Ideologien lehnt sie energisch ab. Seither bringt sie auch Rücksichtslosigkeit gegenüber Kindern regelrecht auf die Palme. Und sei es nur, dass sich die Erwachsenen an der Kasse vordrängen. Respekt gegenüber jedermann ist ihr wichtig. Egal, ob jung oder alt, gesund oder gebrechlich, behindert oder nicht. Vor allem aber: Man darf niemandem seinen Willen aufzwingen.

Frisch verliebt, links im Bild Reinhold Würth, im Vordergrund Carmen Würth

II.

REINHOLD WÜRTH TRITT
IN CARMENS LEBEN

Die häufigen Kirchgänge haben indes auch ihr Gutes. Sie bringen Reinhold
Würth in Carmens Leben – und führen damit in eine neue Zeit. Im Sommer 1956 ist der junge Schraubenhändler auf Verkaufstour in Friedrichshafen unterwegs, was damals eine Tagesreise von Künzelsau entfernt liegt.
Am Abend besucht der 21-jährige Jungunternehmer, der erst zwei Jahre
zuvor seinen Vater verloren hat und nun bereits für Firma und Familie
verantwortlich ist, einen Gottesdienst in eben jener Kirche. Ihm fällt die
junge Frau mit den schwarzen Haaren auf. Sie macht ihn neugierig. »Dann
hat Reinhold bei einem Bekannten, den er aus der Kirche in Künzelsau
kannte, Auskunft über mich einholen lassen«, erzählt die Auserwählte.
»Ich habe das so nebenbei mitbekommen und gedacht: Das ist ja ein dicker
Hund.« Carmen ist zunächst wenig interessiert. Schließlich zeichnet sich
bereits ein beruflicher Aufstieg bei ZF ab. »Ich hatte die Karriereleiter
gespürt und keine Lust zum Heiraten.« Doch Reinhold bleibt hartnäckig.
Auf das briefliche Werben reagiert die eifrige Chefsekretärin mit der ebenfalls brieflichen Aufforderung, ihr doch mal ein Bild zu senden. »Dann
hat er das schönste Foto von sich geschickt, das er hatte. Es hat mich jedoch
wenig beeindruckt. Er war eben, wie die jungen Männer damals waren.«
Das ist etwas untertrieben. Fotos aus jener Zeit zeigen Reinhold Würth
als durchaus attraktiven jungen Mann. Der nutzt wenig später weitere
Kundenbesuche am Bodensee, um den direkten Kontakt zu suchen. »Dann
hat er bei mir in der Firma angerufen und gefragt, ob ich das Fräulein Linhardt sei – und mich zum Essen eingeladen.«

»Kann ich nicht, habe Singstunde«, ist ihr die spontane Antwort noch
gegenwärtig: »Das wird man doch mal ausfallen lassen können«, wirbt der

Anrufer aus dem Hohenlohischen. »Also habe ich bei unserem strengen Dirigenten die Erlaubnis eingeholt – und die Dinge nahmen ihren Lauf. Wie mein Mann eben so ist. Er macht immer gleich Nägel mit Köpfen«, amüsiert sich die Umworbene noch heute. »Das lief alles über die Kirche, die ein großes Interesse daran hatte, dass man unter sich blieb.« Hier gibt es eine interessante Parallele zu Reinhold Würths familiären Wurzeln: Auch seine Eltern Alma und Adolf lernten sich in der Nähe von Hamburg bei einem Gottesdienst der Neuapostolischen Kirche kennen.

Heirat im Eiltempo

»Ich wurde eher geheiratet, als dass ich bewusst geheiratet habe. Ich fand das aber nicht sonderlich problematisch. Denn ich war ja pflichtbewusst erzogen und mit gerade mal 19 Jahren noch ziemlich schüchtern«, sagt die Frau mit einem Augenzwinkern, die sechs Jahrzehnte später der diamantenen Hochzeit entgegensieht. Zudem gibt der Chef dem Fräulein Linhardt eine Art Rückfahrkarte mit auf den Weg: Als Anerkennung für die Leistung wird ihr schriftlich bestätigt, »jederzeit bei ZF wieder anfangen zu dürfen«.

Viel Zeit vergeht damals in der Tat nicht. Anders als heute, wo sich die Vorstufe zur Ehe oft Jahre hinzieht, drängt der junge Kleinunternehmer, in dem damals noch niemand den späteren Lenker eines Weltkonzerns sieht, zur Eile. »Reinhold hatte wenig Zeit. Er war die ganze Woche unterwegs und sonntags in der Kirche aktiv. Dann musste er noch Büroarbeit erledigen. Das Zusammensein war also schwierig, zumal ich auch berufstätig war. Es gab noch keine richtigen Autobahnen und auch keine Zugverbindungen. Dass wir uns einmal in der Woche gesehen haben, war schon recht kompliziert.« Schon deshalb beschleunigt man die Vermählung. »Im Juni 1956 haben wir uns kennengelernt und am 9. Dezember geheiratet.« Die Feier wird im Gasthaus »Die Glocke« in Künzelsau ausgerichtet, einem historischen Bau, dessen späteren Abriss Carmen Würth rückblickend als »Frevel« sieht.

Hochzeit am 9. Dezember 1956 in Künzelsau

Bis die Trauung vollzogen wird, wohnt Carmen Linhardt im Hotel. Es ist damals noch üblich, bis zur Heirat sittsam getrennt zu nächtigen, zumal dann, wenn man in einem streng religiösen Umfeld zu Hause ist. »Und wir haben uns strikt daran gehalten, auch weil Schwiegermutter Alma (1913 – 2006) ein scharfes Auge darauf gehabt hat.« Bis 1962 wohnt das junge Paar unter dem Dach der Schwiegermama, die mit norddeutscher Strenge – sie ist in Uelzen geboren und nimmt bis zu ihrem Lebensende nie den Hohenloher Dialekt an – das Regiment führt. Der Schreiner richtet im Erdgeschoss in der Künzelsauer Zeppelinstraße zwei zusätzliche Zimmer für Carmen und Reinhold ein. Gemeinsam nutzt man die Küche, in der auch gegessen wird.

Durch Erfahrung wird ihr die gelebte Herzlichkeit zur Tugend und Aufgabe. Gerade gegenüber Mitarbeitern. Als später einmal eine Zugehfrau in wirtschaftliche Not gerät, »bin ich spontan zum Metzger und Bäcker gelaufen, habe zwei Tüten voll eingekauft und der Frau nach Hause gebracht. Dies war für mich kein großes finanzielles Opfer, hat vielleicht hundert Mark gekostet. Aber die Frau hatte für eine Woche ein Problem weniger und war sehr glücklich.« Gewiss, die Unternehmersgattin hätte der Dienstkraft auch einfach etwas Geld zustecken können. Doch Carmen Würth hat sich selbst auf den Weg gemacht und sich Zeit genommen. Sie hat damit etwas weit Selteneres gespendet: Zuwendung. Sie gibt den Menschen damit das, wonach sie mehr streben als nach monetärer Unterstützung: Wertschätzung. Das macht den Unterschied.

MIT DEM SCHRAUBENHÄNDLER AUF TOUR

Nach der Hochzeit begleitet Carmen Würth ihren Ehegatten auf dessen Verkaufsreisen, »weil ich ihn sonst die ganze Woche nicht gesehen hätte«. Es ist eine harte Zeit, die Reinhold Würth später im Gespräch mit dem Autor als »elende Schufterei« bezeichnet. »Oft sind wir noch spät nachts durch Eis und Schnee zum Hotel gefahren, weil Reinhold am anderen Morgen um halb acht Uhr bereits beim nächsten Kunden sein musste«,

Erster gemeinsamer Künzelsauer Wohnsitz in der Zeppelinstraße

berichtet Carmen Würth von den Mühen ihres Mannes, das junge Unternehmen am Leben zu halten. Also Umsätze zu machen, Geld zu verdienen und die Zahlungsfähigkeit zu gewährleisten. Häufig gibt es in den Herbergen kein Abendessen mehr. »Wir saßen dann im kargen Zimmer und haben unser mitgebrachtes Vesper gegessen oder mussten uns mit einem Apfel begnügen. Reinhold hat noch seine Daten nachgerechnet und scharf kalkuliert, wie viele Aufträge in der Woche noch hereingeholt werden müssen. Er wollte am Wochenende ja nicht mit leeren Händen dastehen.«

Weil dessen Vater Adolf den kleinen Schraubenhandel bereits Anfang der 50er-Jahre auf Wachstum und Expansion ausgerichtet hat, sind die Vertriebswege weit. Doch gerade deshalb lässt die Adolf Würth KG, die 1978 zur GmbH & Co. KG umfirmiert, die Konkurrenz schnell hinter sich. »Wir sind im Jahr über hunderttausend Kilometer gefahren«, rechnet die treue Beifahrerin vor. Und das in einem Land, das die Verkehrsinfrastruktur erst wieder aufbauen muss und weder über ein geschlossenes Autobahnnetz noch über Hochgeschwindigkeitszüge verfügt. Nur gut, dass der erste Firmenwagen, ein Mercedes Diesel, verlässlich seine Dienste erbringt. »Darin habe ich oft Stunden gewartet und mir mit Stricken oder Häkeln die Zeit vertrieben.« Am Wochenende werden dann die eingefahrenen Aufträge selbst aufgearbeitet, schließlich bewegt man sich bei der Zahl der Mitarbeiter im unteren einstelligen Bereich. Heute sind es über 66.000 in mehr als 80 Ländern (Stand Mai 2012).

Bis dahin ist es jedoch noch ein weiter, beschwerlicher Weg. Was rückblickend wie ein Selbstläufer aussieht, bedarf im Alltag vieler Mühen und ebenso weiser wie mutiger Entscheidungen. »Es geht nicht ohne einen harten, langen Zeiteinsatz. Vor allem am Anfang. Da muss auch die Familie zurückstehen«, nennt Reinhold Würth heute eines der Erfolgsrezepte. Und er beschreibt die besondere Firmenkultur, die ein rasches Wachstum ermöglicht: »Berechenbarkeit, Zuverlässigkeit, Vorbildlichkeit nicht nur im Reden, sondern auch im Tun. Und ganz wichtig: die Mitarbeiter schätzen, ihre Arbeit respektieren und sie dies auch wissen lassen.«[9]

Die Frau an seiner Seite ist nicht ganz unschuldig an der Einsicht des
Chefs, »dass Mitarbeiter es sehr gerne sehen, wenn Leistung mit Dank,
Respekt und Anerkennung beantwortet wird. Und zwar von Herzen.«[10]
Das entspricht der Philosophie von Carmen Würth: »Herzensgeschichte
muss gelebt werden. Dafür habe ich immer wieder Impulse gegeben. Wir
haben also gemeinsame Ausflüge gemacht und die Kontakte mit den Mitarbeitern gepflegt. Das war anfangs, als wir erst zu dritt waren, natürlich
noch sehr einfach.« Aber auch der wachsende Konzern hat, bei aller Leis-
tungsorientierung, die Tradition der Dankesbekundung und Anerkennung
stets gelebt. Dafür sorgt auch die gute Seele des Unternehmens, still und
im Hintergrund. Reinhold Würth hat diese Anstöße gerne aufgenommen,
ist sich die Gattin sicher: »Er wirkt zwar von außen wie ein knallharter
Kaufmann. Doch wer ihn besser kennt, sieht auch die soziale und sensible
Ader.«

Carmen Würth benennt aber auch den Unterschied, den sie in Respekt
und Anerkennung kleidet: »So etwas Großes wie mein Mann hätte ich
nie hingekriegt. Mit meiner Gutmütigkeit und mit meinem Kümmern
um jeden Einzelnen wäre ich immer in der Dienstleistung geblieben. Oder
hätte ein kleines Unternehmen geführt, das ich selbst überschauen kann.
Einen Konzern hätte ich mir nie zugetraut.«

FIRMA UND FAMILIE WACHSEN

Dieser Konzern wächst stetig – und die Familie auch. Am 17. November
1958 bringt Carmen Würth ihre erste Tochter, Marion, zur Welt, die heute
in Hermersberg einen ökologisch ausgerichteten Bauernhof samt Hofladen
betreibt. Drei Jahre später, am 9. Oktober 1961, wird die zweite Tochter
Bettina geboren, die früh das unternehmerische Handwerk von der Pike
auf lernt und seit 2006 die Würth Group als Beiratsvorsitzende führt.[11]
Es wird also eng bei Schwiegermutter Alma. Deshalb wird in Gaisbach,
dem auf der Höhe gelegenen Teilort von Künzelsau, ein Bungalow geplant.
Der für damalige Verhältnisse großzügige Flachbau, der noch heute als

Kurze »Zweisamkeit« beim Betriebsausflug 1959

... im Salzbergwerk Berchtesgaden 1960

Firmenjubiläum 1970

Carmen mit Tochter Marion

Firmenarchiv genutzt wird, ist bereits 1962 bezugsfertig. Zeitgleich wird in unmittelbarer Nähe, wo heute die Zentrale des Weltkonzerns residiert, eine neue Fabrikationshalle für die Schraubenproduktion erstellt. »Die Abteilung umfasst mittlerweile 11 Mitarbeiter und 19 Maschinen und Automaten«, hält das Firmenarchiv fest. Zugleich legt Reinhold Würth ein Jahr nach der Errichtung der Berliner Mauer, die Deutschland endgültig in Ost und West teilt, den Grundstein für die Internationalisierung des Konzerns und gründet in den Niederlanden, in Österreich und der Schweiz die ersten Auslandsgesellschaften. Der kleine Schraubenhandel, der einmal mit dem Handkarren begonnen hat, mausert sich zum Handelsunternehmen für Befestigungstechnik.[12]

Für Carmen Würth ist der Umzug vom Kochertal auf die Hohenloher Ebene aber vor allem eine persönliche Zäsur. Sie ist für den eigenen Haushalt nun endlich selbst verantwortlich. Der Mann ist ein aufstrebender Unternehmer, der viele Stunden in der Firma und auf Reisen verbringt.

Carmen freut sich über Tochter Bettina

»Ich war weitgehend eine alleinerziehende Mutter«, blickt Carmen Würth auf die 50er- und 60er-Jahre zurück. Zunehmend wird das neue Heim auch für Firmenzwecke genutzt. »Ich war Köchin und als Gastgeberin dafür zuständig, dass alles funktioniert und sich alle wohl fühlen.« Denn mit den Geschäftskunden ins Restaurant zu gehen, wie das heute selbstverständlich ist, »war damals viel zu teuer«.

Sie ist die Frau, die ihrem Mann den Rücken freihält. Und anpackt, wo fleißige Hände gebraucht werden. »Als 1978 der Vertrieb auf neue Förderbänder umgestellt wurde, bin ich auch selbst am Band gestanden. Weil alle anpacken mussten und wir uns kein zusätzliches Personal leisten konnten und wollten. Da mussten alle ran, die Arme und Beine hatten. Auch um zu zeigen, dass wir zusammenstehen«, erzählt sie von den Aufbaujahren. Mitarbeiter aus jener Zeit berichten, wie »die Frau des Chefs immer mal mit Kuchen und Kaffee vorbeikam und stets ein aufmunterndes Wort auf den Lippen hatte«.[13]

… unterwegs in den norwegischen Bergen

Schwiegermutter Alma zu Besuch in der Schliffenstraße in Künzelsau-Gaisbach

Mama als »Pferdchen«

Gemeinsamer Besuch in Paris

Skiferien mit der Familie in Davos

*Familienausflug mit der »delta india bravo india whiskey«,
dem zweiten Flugzeug, das 1967 angeschafft wurde*

Carmen gratuliert ihrem Chefpiloten zur 5000. Flugstunde, 2007

Ihr drittes Kind, Sohn Markus, braucht die Mama besonders …

III.

SOHN MARKUS VERÄNDERT DAS FAMILIENLEBEN
UND ERÖFFNET NEUE EINSICHTEN

Am 4. März 1965 bringt Carmen Würth den »Stammhalter« der jungen Familie Würth in Schwäbisch Hall zur Welt. Die Freude über das dritte Kind ist groß. Markus ist ein gesunder, kräftiger Junge. Doch nicht lange. Mit etwa eineinhalb Jahren bekommt er hohes Fieber. Immer wieder – und es will einfach nicht dauerhaft abklingen. Früh beschleicht die Eltern die Sorge, »dass irgend etwas nicht stimmt«. Die Feinmotorik ist gestört, Markus bleibt in der Entwicklung gegenüber Gleichaltrigen zurück. Zunächst vertrösten die Ärzte die besorgten Eltern: »Das renkt sich schon wieder ein. Kommen Sie regelmäßig, wir beobachten den Jungen.« Ende der 60er-Jahre ist diese Einstellung eher die Regel als die Ausnahme: Der Umgang mit Behinderung gehört nicht zur ärztlichen Kernkompetenz, um es freundlich auszudrücken.

Doch die Mutter, die ihren Sohn rund um die Uhr betreut und dessen Nicht-Entwicklung hautnah erfährt, lässt nicht locker. So beginnt eine medizinische Odyssee. Schließlich verweist sie ein sensibler Arzt an einen Kollegen in Böblingen, »der sich wirklich gekümmert und Markus gründlich untersucht hat«. Der wiederum empfiehlt Untersuchungen bei Spezialisten für Kinderkrankheiten im Olgahospital in Stuttgart. Selbst die hoch angesehenen Experten des John-F.-Kennedy-Hospitals im amerikanischen Baltimore werden zwei Mal konsultiert. Wirklich helfen können auch sie nicht.

Allmählich schält sich heraus, was Carmen Würth schon früh vermutet hat: Die dreistufige Kinderschutz-Vierfachimpfung, die damals Pflicht ist, hat bleibende Schäden im Gehirn des Babys verursacht. »Ich wollte die

... und ist immer dabei

dritte Impfung nicht, zumal es sich um einen neuen Impfstoff gegen Keuchhusten handelte, der dann bei späteren Anwendungen auch durch ein anderes Präparat ersetzt wurde«, erinnert sich die Mutter an jene folgenreiche Tage Mitte der 60er-Jahre. »Doch die Ärzte haben einen unter Druck gesetzt mit der Warnung: ›Wenn Sie das nicht machen, gefährden Sie die Gesundheit Ihres Kindes!‹ Wenn man so etwas von medizinischer Seite zu hören bekommt, dann schiebt man seine eigenen Bedenken zurück.«

Sechs Jahre lang ist Markus nur krank. »Das Immunsystem war stark gestört. Er war ständig erkältet und konnte nur Püriertes essen, wenn überhaupt.« Erst durch die konsequente Zuwendung der Mutter, ihre innige Fürsorge um das erkrankte und hilfsbedürftige Kind, stabilisiert sich der Zustand einigermaßen. Doch die Schäden erweisen sich als irreparabel.

FÜR DIE NOT VON BEHINDERTEN
SENSIBILISIERT

Diese Erfahrung ist gleich mehrfach prägend. Einmal erwacht in dieser Zeit »der Impuls, sich für Behinderte zu engagieren«. Auslöser sind die zwiespältigen Erfahrungen mit Einrichtungen und Medizinern. »Ich habe viel Unfähigkeit auch von ausgebildeten Menschen im Umgang mit Behinderten erlebt. Und ich habe viel Entwürdigung erfahren von Ärzten, die einen mit seinen Sorgen und Problemen nicht ernst genommen haben.«

»Deshalb bin ich so nahe dran an den Behinderten und ihren Eltern: Es ist so ein schweres Leben, bis sie in ihrer Persönlichkeit akzeptiert werden. Auch die Not, die sie aushalten und bewältigen müssen, ist groß«, erläutert die Betroffene diese zentrale Weggabelung in ihrem Leben. »Man muss sich mit den Menschen befassen, sich zu ihnen hineinbegeben, damit man es kapiert. Das kann man nicht nur theoretisch vermitteln. Wer sich nicht in die Notlage der Eltern hineinversetzen kann und nicht mit ihnen ihre Zwänge erlebt, wird sie nie ganz verstehen.«

NICHT NUR SAMARITERIN

Die ansonsten so sanfte Frau kommt bei diesem Thema richtig in Fahrt. Hier geht es ihr um Grundsätzliches. Ja, auch um Werte und Philosophie: »Was ich möchte, ist, dass wir uns alle füreinander zuständig fühlen. Das kann nicht der Staat allein leisten. Das ›Wir‹ ist jeder Einzelne. Es regt mich wahnsinnig auf, dass der Staat für alles zuständig sein soll – und wir Bürger machen es uns in unserer Anspruchshaltung bequem.« Dieser Appell an die Mitbürger durchzieht das Denken und Handeln von Carmen Würth. Sie will nicht nur selbstlose Samariterin sein, sondern eine tatkräftige Unterstützerin, die motiviert und Impulse gibt. Frei nach dem Motto: Hilfe ja, aber eben auch zur Selbsthilfe.

So ist auch das soziale Engagement ein steter Balanceakt. Einerseits versteht sie sich als den »sozialen Teil der Würth-Welt« und ist »so gepolt, dass ich den Schwachen helfen will«. Darin sieht sie auch ihre Verantwortung im christlichen Sinne, ohne sich auf eine Religion festlegen zu wollen. Das Gebot der Nächstenliebe ist ihre Lebensmaxime, so wie sie jedem empfiehlt, »in der Bibel ab und an die zehn Gebote zu lesen und das eigene Handeln danach zu prüfen«.

Doch es gibt auch das Andererseits, das fordert und von einem grundlegenden Gerechtigkeitsdenken geleitet ist: »Ich kann nicht nur auf der Seite der Armen sein. Die das dann möglicherweise ausnützen und sagen: ›Ich bin arm und werde ungerecht behandelt.‹ Dazu sage ich: ›Du hast genauso eine Verantwortung wie jeder andere Mensch auch. Du bist gesund, hast zwei Hände und kannst anderen Menschen auch helfen. Bist du nicht fähig, einem wirklich Hilfsbedürftigen zur Hand zu gehen oder einer alten, einsamen Frau eine Geschichte vorzulesen?‹« Aus diesen Worten spricht der Wunsch nach dem aktiven Bürger, der selbst Verantwortung übernimmt, anstatt ständig nach dem Fürsorgestaat zu rufen. »Denn der zerstört den eigenen Leistungswillen«, begründet die Unternehmerin ihre Skepsis.

Carmen Würth fördert regelmäßig den aktiven Umgang mit der Kunst bei den Mitarbeitern im Hotel-Restaurant Anne-Sophie

Familienausflug in die Schweizer Bergwelt, Paps als Fotograf

IV.

MARKUS' WEG NACH SASSEN

Auch hierfür hat die Sorge um Sohn Markus den Blick geschärft. »Ich musste mich um alles selbst kümmern. Ich habe dabei viele Demütigungen erlebt – und gerade von Ärzten viel Arroganz erfahren«, erinnert sich Carmen Würth an die 60er- und 70er-Jahre. »Damals war Würth noch nicht der große Konzern, den alle kannten, sondern ein weithin unbekanntes Handelsunternehmen.« Der Familie, die heute zu den reichsten in Deutschland gehört, fällt also nichts in den Schoß. Auch sie muss um eine geeignete Betreuung für den behinderten Sohn kämpfen. Erst im allgemeinen Kindergarten in Künzelsau, den bereits die Töchter Marion und Bettina besucht haben; dann im »Sonnenhof«, einer Sonderschule der Diakonie im nahen Schwäbisch Hall. Doch als in Kupferzell, das im Landkreis Hohenlohe liegt und für den Wohnort Gaisbach zuständig ist, eine neue Schule gegründet wird, empfiehlt die Leitung des »Sonnenhofs« den Würths – wohl aufgrund ihrer Zugehörigkeit zur Neuapostolischen Kirche –, Markus aus ihrer Einrichtung zu nehmen. Die Familie ist darüber alles andere als erfreut. Auch diese Erfahrungen haben Carmen Würth dauerhaft geerdet und lassen sie misstrauisch sein gegenüber den üblichen Schmeicheleien, die wohlhabenden und einflussreichen Persönlichkeiten zuteil werden.

SKEPTISCH UND BESCHEIDEN

Die Frau des »Schraubenkönigs« sieht sich nicht als »Königin von Hohenlohe«. Dem Ehepaar behagen derlei Attribute nicht. »Schrauben brauchen keinen König«, pflegt Reinhold Würth zu sagen. Und Carmen Würth fühlt sich ohnehin vorrangig den Menschen zugetan: »Ich will empfinden, mit welchen gelebten Werten ich Werte vermitteln kann. Dass man den Menschen respektiert in seinem Menschsein. Und dass ich von Menschen auch gewisse Werte erwarte. Gerade im Verhalten anderen gegenüber. Wenn ich jedoch merke, dass jemand egoistisch ist und andere nur zu seinem Vorteil benutzt, dann will ich mit dieser Person nichts mehr zu tun haben. Man spürt sehr schnell, ob die Gesprächspartner nur Phrasen dreschen oder aufrichtiges Engagement einbringen. Mein Herzensanliegen ist es, Menschen zu gewinnen, um die Welt ein bisschen besser zu machen.«

Hellbrügge und Montessori

Diese Menschen findet sie auf der langen Reise durch die Widrigkeiten der deutschen Behindertenpolitik. Man trifft Gleichgesinnte und tauscht sich aus. So schält sich allmählich ein Beziehungsgeflecht heraus, das Ende der 60er-Jahre auch nach München führt. Hier wirkt der Kinderarzt Dr. Theodor Hellbrügge, auf den Carmen Würth durch die Sendung »Ehe es zu spät ist« im Bayerischen Rundfunk aufmerksam wird. »Er war meine Rettung. Er hat Menschen mit Behinderung und ihren Angehörigen Mut gemacht.« Denn wie kaum ein anderer Mediziner zu dieser Zeit hat sich Theodor Hellbrügge der Förderung von Menschen mit Behinderung verschrieben. Ihn treibt vor allem die Frage um, wie »möglichst viele Kinder in Deutschland und in der Welt vor dem Schicksal lebenslanger Behinderung bewahrt werden können«. Daraus konzipiert der renommierte Arzt die »Münchener Funktionelle Entwicklungsdiagnostik« (MFE). Diese wird in sechs zentralen Thesen zusammengefasst und gilt noch heute:
»In der frühen Kindheit besteht eine einzigartige Chance, Kinder mit angeborenen oder früh erworbenen Schädigungen oder Störungen vor dem Schicksal des lebenslangen Behindertseins zu bewahren.
Entwicklungs-Rehabilitation bedeutet Früherkennung, Frühbehandlung und frühe soziale Eingliederung in Familie, Kindergarten und Schule wie auch immer gestörter, geschädigter und dadurch eventuell behinderter Kinder.
Die Eltern sind in der Früherkennung von Entwicklungsrückständen, gleich welcher Art, allen Profis einschließlich Ärzten, Psychologen, Therapeuten etc. überlegen. Sie sind auch die besten Therapeuten.

Markus liebt die Arbeit in der Gärtnerei

In der Entwicklungs-Rehabilitation haben die verschiedensten Fachkräfte unter der Koordination eines Kinderarztes die Aufgabe, die Eltern in kleinsten Schritten durch ein für sie überschaubares Programm der Früh-behandlung so anzuleiten, dass sie es zu Hause durchführen können.
Jede Absonderung in Sonderschulen verstärkt Behinderung. Die gemein-same Erziehung mehrfach und verschiedenartig behinderter – auch soge-nannter geistig behinderter – Kinder mit nicht behinderten Kindern för-dert die Sozial- und daran gekoppelt die Sprachentwicklung bei behin-derten und nicht behinderten Kindern.
Der Schlüssel für die Erfolge der gemeinsamen Erziehung behinderter und nicht behinderter Kinder liegt in dem Satz: »Nur wer hilft, wird selb-ständig und glücklich.« (Hellbrügge)[14]

Professor Hellbrügge belässt es jedoch nicht bei der Theorie, sondern handelt auch ganz praktisch. Hierbei kommt ihm die Lehre der italienischen Ärztin und Pädagogin Maria Montessori (1870 – 1952) zupass, die 2007 als »Montessori-Pädagogik« ihre hundertjährige Erfolgsgeschichte feiern durfte.[15]

Denn diese Methode stellt die Individualität des Kindes in den Mittelpunkt. Sie konzentriert sich auf die Bedürfnisse, Talente und Begabungen des einzelnen Kindes, das Baumeister seines Selbsts sein soll. »Hilf mir, es selbst zu tun«, lautet das tragende Prinzip. Die Methode ist damit ein Gegenentwurf zur – besonders damals – verbreiteten Erziehung, wonach der junge Mensch durch (viel) Bestrafung und (wenig) Belohnung auf den »richtigen Weg« gebracht werden soll. Montessori setzt dem Zwang durch Regeln die Freiheit der Persönlichkeit entgegen.

Carmen und Reinhold Würth in Sassen

Bereits 1968 gründet Professor Hellbrügge in der Güllstraße in München den ersten »integrativen Montessori-Kindergarten«, der später in das frei gewordene Olympia-Dorf umzieht. Es folgt – nicht frei von Anfeindungen aus dem bayerischen Umfeld – die Gründung der ersten Integrationsschule, damit auch behinderte Jugendliche nach dem Gemeinschaftsprinzip gefördert werden können. Als erfahrener Kinderarzt und Psychologe erkennt der Professor früh die Notwendigkeit einer fürsorglichen Integration und sorgt bis ins hohe Alter dafür, dass die Idee weitergetragen wird. Die nach ihm benannte Stiftung initiiert die »Internationale Aktion Sonnenschein«. Deren konkrete Ziele sind:

- Die Verbreitung von Frühdiagnostik, Frühtherapie und früher sozialer Eingliederung.
- Die systematische Aus-, Fort- und Weiterbildung von Kinderärzten, Psychologen, Therapeuten, Pädagogen und anderen Fachkräften auf dem Gebiet der Entwicklungs-Rehabilitation.
- Die Förderung des Aufbaus neuer Kinderzentren nach dem Vorbild des Kinderzentrums München.
- Die Förderung von Lehre und Forschung auf dem Gebiet der Entwicklungs-Rehabilitation.[16]

Das ist ziemlich genau das, was auch Carmen Würth für dringend erforderlich hält. Es steht in Einklang mit ihrem Verständnis von Pädagogik und dem Umgang mit Behinderten: nicht abschieben in geschlossene Heime, sondern in Familienverbünde integrieren. Denn »niemand kennt ein Kind besser als seine Eltern. Niemand kann es auch besser behandeln.«[17] Deshalb wird in den Kinderzentren, die nach Professor Hellbrügges Modell der Entwicklungs-Rehabilitation arbeiten, die klassische ärztliche Hilfe, die vom Arzt oder von der Fachkraft direkt an den Patienten gegeben wird, ergänzt durch die Übertragung von Elementen der Behandlung an die Eltern. »Verschiedene Fachkräfte üben mit den Eltern in einer für sie verständlichen Form die therapeutischen Hilfen z. B. für die motorische Verbesserung oder die sprachliche Förderung so, dass sie diese zu Hause in den normalen Tagesablauf integrieren können.«[18]

Bei Sohn Markus ist der Impfschaden allerdings zu weit fortgeschritten, um ihm zu Hause eine angemessene Betreuung zukommen zu lassen. Die Familie wohnt zwar seit 1974 auf Schloss Hermersberg, das sie drei Jahre zuvor vom Fürstenhaus zu Hohenlohe-Öhringen erworben hat und dann aufwendig und denkmalgerecht zu einem idyllisch gelegenen Kleinod restaurieren lässt. Reichlich Platz ist also vorhanden – und an Geld mangelt es auch nicht. Denn der kleine Handelsbetrieb hat sich längst zu einem ertragreichen Konzern nach oben geschraubt, sodass man sich eine private Betreuung gut leisten kann. Tagsüber wird Markus ohnehin in der Sonderschule im nahen Kupferzell[19] fürsorglich betreut. Ansonsten ist er in der Familie gut integriert. Die Eltern und später die Schwestern Marion und Bettina nehmen ihn mit, wo immer es möglich ist. Jeder soll sehen: Der geistig behinderte Sohn ist Teil unserer Familie.

Sassen, die menschliche Oase

Doch als Markus zu einem jungen Mann heranwächst, sucht die Mutter nach einem Umfeld, das dem Sohn mehr bietet als nur fachgerechte Betreuung. Einen Raum, der auch einem Menschen mit Handicap langfristig Entwicklungsmöglichkeiten und Lebensglück in einer lebendigen Gemeinschaft verschafft.

Sie findet diesen Ort im nordhessischen Hügelland nahe der idyllischen Stadt Schlitz im Landkreis Lauterbach unweit von Fulda. Dort erwirbt die »Lebensgemeinschaft e.V.« 1968 das abgelegene, teils vom Zerfall bedrohte Hofgut Sassen. Der gemeinnützige Verein, der sich erst drei Jahre zuvor gegründet hat, wird getragen von einem kleinen Kreis ebenso engagierter wie selbstloser Bürger, die sich den Ideen von Rudolf Steiner (1861 – 1925) verschrieben haben und dessen Lehre der Anthroposophie praktisch umsetzen wollen. Ihr Ziel ist es, entwicklungsgestörten Menschen, die in Kinder- und Jugendheimen keinen Platz mehr finden, ein neues Zuhause zu geben. Im Gründungsaufruf heißt es:

Familientag in Sassen

»Wir wollen geistig und körperlich behinderten Heranwachsenden und Erwachsenen ohne Ansehen der Person, der Rasse oder der Religion eine Heimat schaffen, in der sie menschenwürdig leben, ihr Anrecht auf Arbeit und soziale Betätigung in einer Gemeinschaft verwirklichen können, in der sie sich als gleichberechtigte Partner fühlen.«[20]

Vergleichbare Einrichtungen gibt es zu jener Zeit nur vereinzelt. Vorbilder sind die Lebensgemeinschaften im britischen Champhill und der Lehenhof bei Überlingen am Bodensee. Doch das sind seltene Ausnahmen. In der Regel werden Erwachsene mit Behinderung in große Anstalten abgeschoben. »Ein Recht auf Teilhabe am sozialen und beruflichen Leben und eine individuelle Förderung gab es nicht. Ein integratives Dorf, in dem Menschen mit und ohne Behinderung zusammen in Familiengemeinschaften

oder als Nachbarn leben, war 1968 nur wenigen vorstellbar«, schreibt Axel
Müller, der heutige Leiter von Sassen, im Vorwort zum Jubiläumsbuch.[21]
So ist es für die Familie Würth eine angenehme Fügung, diesen seltenen
Ort ausfindig gemacht zu haben. Für Mutter Carmen ist es bis heute ein
Glücksort. Hier werden die eigenen Vorstellungen von Betreuung und
Pädagogik in einer Dorfgemeinschaft umgesetzt, die auch behinderte Men-
schen als vollwertige Persönlichkeiten achtet und umsorgt. Denn hier steht
die »Entwicklung des Menschen zu immer mehr Menschlichkeit« im Vor-
dergrund, zu »Freiheit und Verantwortlichkeit aus der Erkenntnis im
Sinne des ethischen Individualismus«, wie ihn Rudolf Steiner in seiner
Philosophie der Freiheit darstellt.[22]

Dass die Lehre von Rudolf Steiner nicht unumstritten ist, ficht Carmen
Würth nicht weiter an. »Ich nehme das mit, was mir gefällt – und den
Rest lasse ich weg«, beschreibt sie ihre pragmatische Herangehensweise.
Engstirniger Doktrinarismus ist ihr ohnehin zuwider. Ob im Glauben
oder eben bei der Anthroposophie: entscheidend ist der tatsächliche Nutzen zum Wohle der Menschen. Deshalb hält sich die Mutter, die sich schon
früh mit Philosophie und Pädagogik beschäftigt hat und dies auch gerne
studiert hätte, nicht lange mit komplizierten Theorien auf. »Wenn man
sich immer nur mit Dingen beschäftigt, die man nicht versteht, dann ver-
krampft man sich nur. Damit kommen weder die Seele noch der Geist
einen positiven Schritt weiter.«

WECHSEL NACH SASSEN

1985 ist es dann so weit. Der inzwischen zwanzigjährige Markus kommt
nach Sassen. Er zieht in das neu gebaute Haus »Perceval«, das von Doris
und Kurt Eisenmeier geplant wurde und das sie zwei Jahrzehnte lang als
Hauseltern leiten. Mit seinem anthroposophischen Baustil hebt es sich
von den anderen Gebäuden dadurch ab, dass es noch einladender wirkt:
Charmant verwinkelt mit den charakteristischen Dachgauben, schaffen
hellblaue Fensterrahmen, großzügige Glasfenster und viel natürliches Holz

auf zwei Geschossen eine lichtdurchflutete Wohlfühlwärme. Hier lebt
Markus bis heute in einer Art Großfamilie, der seit 1995 Hausmutter
Monika Battenberg vorsteht. Er fühlt sich sichtlich wohl und geborgen
inmitten einer Gemeinschaft, in der das Behindertensein nicht als »unnor-
mal« abqualifiziert wird, sondern alle, Behinderte und Betreuer, einfach
nur Dörfler sind. In der jeder nach seinen Möglichkeiten gefördert und
umsorgt wird.[23]

Markus Würth findet seine Bestätigung in der Gärtnerei. Meist sieht man
ihn mit grüner Latzhose und kariertem Arbeitshemd oder Rollkragenpul-
lover, wie er den Boden mit der Harke lockert und die vielfältige Pflan-
zenpracht fachkundig umhegt. Es ist nicht einfach eine Tätigkeit um der
Betätigung willen. Die Lebensgemeinschaft ist überwiegend Selbstversorger. Sie betreibt ökologisch-dynamischen Landbau und eigene Werkstätten.
So füllt die Arbeit nicht nur den Tag, sie gibt ihm auch einen Sinn und
den Dörflern Selbstbewusstsein: Man ist ein nützlicher Teil der ökono-
misierten Gesellschaft, aber eben auf ökologisch-sozialer Basis.

Dass Sohn Markus in diese Gemeinschaft aufgenommen wird, hat übri-
gens nichts mit der Herkunft zu tun. »Für uns war der Name Würth
damals kein Begriff. Hätte Frau Würth mit dem Geldbeutel geklimpert,
hätten wir sicher nein gesagt und Markus nicht aufgenommen«, verdeutlicht Kurt Eisemeier das Grundprinzip, wonach einzig der Mensch zählt.[24]
So hat sich auch der Würth-Spross der Prüfung zu stellen, ob er in die
Gemeinschaft passt und angenommen wird. »Man muss sich im Dorf
sympathisch sein. Nur dann funktioniert das Zusammenleben. Sonst
kann man nicht bleiben und muss wieder gehen«, beschreibt der Grün-
dungsvater und Initiator die Kriterien. Diese einzuhalten sei auch deshalb
wichtig, weil geistig Behinderte ihre Gefühle nicht steuern können, sich
also nicht verstellen und deshalb authentisch sind.[25] Markus besteht diese
Prüfung, obwohl er mit zwanzig Jahren eigentlich schon zu alt ist, um sich
in die neue Umgebung einfügen zu können. Doch der eher Schweigsame
ist ein angenehmer Zeitgenosse und wächst in dieser Oase der Fürsorge
schnell zu einem gern gesehenen Dörfler heran.

»Frau Würth riecht, wenn etwas faul ist.«

Wann immer es die Aufgaben als Mutter zweier Töchter, Gattin eines zunehmend bedeutenden Unternehmers und ob ihrer Kochkunst gerühmte Gastgeberin für geschäftliche und gesellschaftliche Anlässe in Schloss Hermersberg erlauben, setzt sich Carmen Würth in ihr Auto, um in zweieinhalb Stunden die 214 Kilometer nach Sassen zu brausen. Der Sohn soll wissen, dass er geliebt wird.

Aber auch die Dorfgemeinschaft wächst ihr ans Herz – und umgekehrt. Kurt Eisenmeier, der den Aufbau der Lebensgemeinschaft maßgeblich vorangetrieben hat, schwärmt geradezu: »Frau Würth ist ein prachtvoller Mensch. Sie erkennt sofort, wo was faul ist. Sie riecht so was. Und hat immer gleich Ideen, wie man ein Problem lösen kann. Sie hat rasch verinnerlicht, wie sich das Ganze hier trägt, nämlich durch gegenseitige Unterstützung. Man spürt, dass ihr Engagement auf der praktischen Ebene gewachsen ist. Auch durch die vielen Erfahrungen und Leiden mit ihrem Sohn.«[26] Der ehemalige Papierfabrikant, der bis zu seinem Lebensende im Sommer 2011 in Sassen gewirkt hat, weiß nicht nur die finanzielle Unterstützung durch das Haus Würth zu schätzen, »denn so eine Einrichtung, die anfangs im Jahr zwei neue Häuser gebaut hat, braucht immer Geld«.

Noch wichtiger ist ihm die in den vielen Jahren des Miteinanders gewachsene Freundschaft. »Das ist das wirklich große Kapital.« Carmen Würth sei einfach »ein Mensch, den man bewundern muss. Was sie macht, macht sie mit großer Begeisterung – und das finde ich wiederum großartig«, rühmt der praktische Anthroposoph die Helferin und Ratgeberin aus dem Hohenlohischen.

Der Mann mit der reichen Lebenserfahrung und sympathische Menschenkenner benennt sehr klar einen zentralen Wesenszug von Carmen Würth: »Sie hat ein weites Herz. Sie nimmt auch Dinge in Kauf, die sie sehr stören.

Doch sie akzeptiert diese Mängel und sieht darüber hinweg. Auch deshalb überfordert sie andere Menschen nie, sondern hilft ihnen über diese Schwächen hinweg.«[27] Sie selbst nennt für diese Fähigkeit einen einfachen Grund: »Ich liebe die Menschen und will immer helfen.« Wäre ihr Leben anders verlaufen, »wäre ich wohl Entwicklungshelferin in Afrika geworden«.

Carmen zu Besuch in Südafrika

Hotel-Restaurant Anne-Sophie

Zustand bei Beginn der Baumaßnahmen

V.

EINE GROSSE IDEE REIFT:
DER WEG ZUM HOTEL-RESTAURANT
ANNE-SOPHIE

Entwicklungshilfe leistet Carmen Würth dafür auf einem anderen Feld, das in der damaligen Zeit noch weitgehend brach liegt: der Integration von (geistig) behinderten Menschen in eine Gesellschaft, die lieber trennt und absondert. Die persönlichen Erfahrungen mit Sohn Markus haben das Bewusstsein dafür genährt, wie dringend notwendig es ist, auch hier neue Wege zu beschreiten. »Wenn man in der Familie ein Kind hat, das ganz anders ist, weil es in der Gesellschaft, so wie es tickt, nicht ohne Hilfe sein kann, dann braucht man eine Umgebung, die auf die besonderen Belange dieser Menschen eingeht. Oft sind sie im sozialen Empfinden den Normalen voraus. Doch diese Werte zu erkennen lernt man erst, wenn man viele Jahre mit diesen Menschen umgegangen ist.«

Die Lebensgemeinschaft Sassen hat dann den Beweis geliefert, dass es deutlich bessere – und sogar kostengünstigere – Möglichkeiten gibt als das Verwahren in Anstalten und Heimen. Dieses Thema lässt die engagierte Mutter nicht mehr los. Auch weil sie bei vielen Begegnungen und Gesprächen die Not der Betroffenen hautnah spürt: »Oft wurden sie weder von der Medizin noch von der Sozialbürokratie verstanden. Niemand stand ihnen zur Seite. Das hat den Familien zusätzliche große Sorgen bereitet. Deshalb habe ich mich früh um Eltern und Familien von Behinderten gekümmert«, erzählt Carmen Würth von den Ursprüngen ihrer Idee, das Engagement für Behinderte auf eine neue Stufe zu stellen.

Also hat sie sich in das Thema hineingekniet, hat Behinderteneinrichtungen besucht, viele Gespräche mit Betroffenen und Experten geführt und bei großen Menschenfreunden nach Anleihen gesucht. »Ich habe die alten

Philosophen wie Sokrates gelesen und die Lebensgeschichten von Mahatma Gandhi, Mutter Teresa oder Albert Schweitzer studiert. Dabei hat mich die Frage interessiert: Was haben diese Persönlichkeiten auf die Beine gestellt? Wie haben sie es geschafft? Kann ich nicht auch ein bisschen etwas Bleibendes schaffen?«

Mauern einreissen und Brücken bauen

Der Anspruch ist also hoch. Denn die Philanthropin hat nicht nur »den Ehrgeiz, etwas Gutes zu machen«, sie will es »auch besonders gut machen«. Ihr Ziel ist es, »behinderte und nicht behinderte Menschen in harmonischer Weise zusammenzubringen«. Die behinderten Mitbürger sollen eine Beschäftigung erhalten, die sie bewältigen können und die ihr Selbstbewusstsein stärkt. Sie sollen Sinn und Erfüllung finden. Die Nichtbehinderten wiederum sollen sehen und spüren, dass Menschen mit Handicap nicht nur etwas Sinnvolles leisten können, sondern auch ihnen Lebensfreude vermitteln können. So stärkt die direkte Begegnung das Verständnis. Betriebswirtschaftlich ausgedrückt würde man von einer Win-win-Situation sprechen.

Dieser Ansatz ist in der Tat neu. Er unterscheidet sich grundlegend von der üblichen Form der Separierung, selbst wenn diese so familiär ausgestattet ist wie in Sassen. Carmen Würth indes will Mauern einreißen und Brücken bauen. Sie will die Trennung zwischen »normal« und »nichtnormal« aufheben. Wenigstens an einem Ort, der dann Vorbild sein kann für viele andere Orte.

Aber wie umsetzen? »Mit dem Vorhaben bin ich viele Jahre schwanger gegangen«, erzählt sie vom langen Werden. Doch plötzlich kommt der Zufall zu Hilfe. 1996 wird im Zentrum von Künzelsau ein historisches Gebäude frei, das lange Zeit die örtliche Polizei beherbergt hat. Was soll daraus werden? Rasch kursiert in der Kreisstadt die Idee, den maroden Bau dem bedeutendsten Bürger der Kommune anzubieten: Reinhold Würth. Weil man um dessen Heimatverbundenheit ebenso weiß wie um dessen Faible für Museen, hält man den wohlhabenden Konzernchef für den idealen Käufer.

»Nicht schon wieder ein Museum«

Auch Carmen Würth wird in die Überlegungen einbezogen – und hat ganz andere Pläne: »Die Idee mit dem Hotel kam mir, als ich mir das Haus genauer angesehen habe. Es war so groß, dass ich mir gesagt habe, da muss man ein Hotel oder ein Café daraus machen.« Auf jeden Fall ›nicht schon wieder ein Museum«, sagte sie sich mit Blick auf die Leidenschaft des großen Kunstsammlers Reinhold Würth. Da ihr Mann weiß, wie sehr ihr dieses Projekt am Herzen liegt und wie lange sie es in Gedanken bereits plant, braucht die Gattin nur wenig Überzeugungsarbeit. »Er hat gleich zugestimmt und gesagt: ›Mach' mal‹. Doch sonst haben damals nur wenige an einen raschen Erfolg geglaubt, manche haben mich schlicht für verrückt erklärt«, denkt Carmen Würth an die Anfänge zurück.

Von der Idee zur Tat

Von der Idee zur Umsetzung ist es in der Tat ein langer Weg. Zusammen mit der Künstlerin Ute Schmidt und der Bauingenieurin Katharina Ebert bildet Carmen Würth ein Planungsteam. An Weihnachten 1997 werden die vielen Räume erstmals besichtigt. Schon im März 1998 sind die ersten Skizzen zu Plänen gereift, die Reinhold Würth umgehend als Vorüberlegungen vorgelegt werden und schon einen Monat später zu einem konkreten Nutzungs- und Raumkonzept ausgearbeitet sind.[28] »Als das Projekt so klar vor Augen lag und an seiner Realisierung nicht mehr zu zweifeln war, konnte zum Kauf des Gebäudes geschritten werden, was am 4. Mai 1998 geschah.«[29]

Das notwendige Kapital und die Bauprofis von Würth im Rücken, wird das Projekt entschlossen angegangen. Mancherlei Hürden sind zu überwinden: Das Renaissance-Gebäude, das in seiner wechselvollen Geschichte barockisiert wurde, muss so umgestaltet werden, dass es einerseits den Vorgaben des Denkmalschutzes genügt, zugleich aber auch die Anforderungen eines Hotel- und Restaurantbetriebs erfüllt. Außerdem muss es behindertengerecht modernisiert werden und doch den historischen Charme bewahren. Denn das Haus soll nicht nur funktional sein, sondern auch Wärme und Herzlichkeit ausstrahlen. Darauf hat Carmen Würth ein besonderes Auge. Sie ist die heimliche Bauleiterin. Nicht nur im Hintergrund, sondern sehr aktiv führt die Initiatorin die unterschiedlichen Sichtweisen zusammen und ist sich auch nicht zu schade, »mal mit Eimer und Putzlappen selbst Hand anzulegen«.

Erfüllung geben und Verständnis schaffen

Fünf Jahre später ist das Werk vollendet. Allseits wird die architektonisch höchst gelungene Verbindung zwischen Alt und Neu gewürdigt und die Idee dahinter in den höchsten Tönen gelobt. Bei der Einweihung am 14. März 2003 hält Carmen Würth eine bewegende Rede, in der sie das grundlegende Ziel der neuen Einrichtung vor großem Publikum noch einmal verdeutlicht:

»Aber der Ursprung dieses Hauses, die Idee dazu ist nicht im Kopf entstanden, sondern sie kommt aus dem Herzen. Aus einem übervollen Herzen, das, wie Sie wissen werden, seit mehr als 30 Jahren um die Sorgen und Nöte von Menschen weiß, die nur mit Herzenskräften erreichbar sind.

Die Sorgen, die man mit diesen Menschen hat, die scheinbar unserer Zeit mit ihren Anforderungen nicht gewachsen sind, aus verschiedenen Gründen, sind ja nicht, wie man sie ernährt und kleidet oder gar sie gesund zu machen versucht. Sondern zwei Dinge sind es, die, wie ich erlebt habe, genauso wichtig sind wie essen und kleiden.

Das Eine ist die Frage: wie kann man dem Leben eines behinderten Menschen Sinn und Erfüllung geben?

Das Zweite ist: wie verhilft man ihnen zu Begegnungsmöglichkeiten mit anderen Menschen, und wie erzeugt man das Verständnis dieser Anderen, die nicht betroffen sind?

*Der Künzelsauer Bürgermeister Volker Lenz gratuliert Carmen Würth
zur Eröffnung des Hotel-Restaurants Anne-Sophie*

»Soziales Engagement braucht drei Z: Zuwendung, Zeit und Zärtlichkeit.«

Zum Ersten ist zu sagen, daß die meisten Menschen zu ihrer Selbstbestätigung eine Beschäftigung brauchen, eine, die sie bewältigen können. Diese Möglichkeit ist natürlich sehr unterschiedlich, viele können viel, viele aber auch sehr wenig. Es kommt aber darauf an, daß sie erleben können, daß das Wenige, was ihnen möglich ist, nicht sinnlos ist. Das geschieht am besten dadurch, daß sie erleben: Ich tue etwas für andere Menschen.

Zum Zweiten: Wir haben gedacht, daß wir dem zweiten Problem, nämlich Verständnis für Behinderte zu wecken, damit helfen können, daß wir die Menschen zusammen bringen. Das ist in einem Gastbetrieb mitten in der Stadt und einer Schule gegenüber ideal möglich.«[30]

Diese Sätze sind weit mehr als eine einfache Zielbeschreibung. Sie sind Programm und Vermächtnis einer Frau, die mit dem Herzen auf den Weltenlauf schaut und anderen Menschen diese Perspektive näherbringen will. Womit Sozialtheoretiker dicke Bücher füllen, vermittelt die Praktikerin Würth in wenigen Worten. Klar, ehrlich, ansprechend. Ohne Fachchinesisch und unnütze Fremdworte. Denn dafür ist ihr die deutsche Sprache viel zu wertvoll und anschaulich.

ANNE-SOPHIE – LIEBE UND WEISHEIT IM GEDENKEN

Deshalb ist auch der Name nicht zufällig gewählt. »Anne-Sophie ist unser Enkelkind, das vor vier Jahren durch einen tragischen Verkehrsunfall aus einem blühenden Kinderleben gerissen wurde«, gibt Carmen Würth die schmerzliche Antwort auf »eine oft gestellte Frage« und führt weiter aus:

»Doch das, was uns Anne-Sophie in ihrem nur neunjährigen Leben hinterlassen hat, ist: auf Menschen zugehen zu können, mit einem offenen und strahlenden Herzen. Die Gabe, immer mit einem selbstgepflückten oder selbstgebastelten Geschenk in den kleinen Händen die Herzen der Menschen zu berühren, das hat mich bewogen, diesem Haus ihren Namen zu geben.

Anna kommt aus dem Hebräischen und bedeutet Gnade oder Liebe. Sophie hat seinen Ursprung im Griechischen und bedeutet, wonach wir alle suchen, Weisheit.«[31]

*Enkeltochter
Anne-Sophie*

»DER BEHINDERTE MENSCH
ÖFFNET UNS DIE AUGEN«

Integration übersetzt die Gastgeberin schlicht als »*Bereitschaft zum gegen-seitigen Verständnis beider Seiten, jene der Behinderten wie auch jene der Nichtbehinderten, also aller*«.[32] Den »Ruck«, den Bundespräsident Roman Herzog in seiner berühmten »Berliner Rede« von 1997 für Deutschland fordert, nimmt Carmen Würth gerne auf. Sie will ihn aber nicht »von der politischen oder administrativen Seite verordnet« sehen, sondern zu einem grundlegenden Bewusstseinswandel erweitern: »*Was ich möchte, ist, dass wir uns alle füreinander zuständig fühlen. Durch jeden Bürger muss deshalb ein Ruck gehen. Jeder an seinem Platz und nach seinen Möglichkeiten – zum Wohle unseres ganzen Gemeinwesens. Hierin liegt die entscheidende Antriebs-kraft, gesellschaftliche Fehlentwicklungen zu stoppen und Schieflagen zu korrigieren.*«[33]

Der Hebel dafür seien das »*Verständnis von Mensch zu Mensch und soziales Empfinden*«. Dies wiederum lasse sich nicht anordnen, sondern müsse sich »*aus der unmittelbaren Wahrnehmung des anderen Menschen bilden. Dabei sind die behinderten Menschen Helfer. Sie zeigen uns, dass es im Menschsein Bereiche gibt, in denen Organisationen und Verordnungen ver-sagen. Gebiete zeigen sie uns, in denen es darauf ankommt, zu lauschen: was sagt mein Gegenüber?*«[34]

Auch hierfür hat das eigene Erleben das Bewusstsein geschärft. »Markus ist mein liebster Begleiter selbst bei schwierigsten Konzerten. Denn geistig behinderte Menschen sind dafür viel empfänglicher, als wir vermuten. Sie sind höchst aufmerksam und angespannt, lauschen jedem Ton. Markus entgeht nichts. Er sieht alles und speichert das, kann es anschließend sogar in seinen Worten wiedergeben. Dann holt er sich in seinem Zimmer die passende CD und hört sich das über Stunden an«, wirbt die Mutter im Gespräch mit dem Autor für die Stärken der Schwachen.

Doch Carmen Würth begnügt sich nicht mit der Aufforderung, das eigene
Einfühlungsvermögen zu stärken und menschlicher miteinander umzugehen. Die Brückenbauerin geht einen entscheidenden Schritt weiter,
indem sie an den Belohnungsbedarf im Menschen appelliert, mithin das
soziale Engagement zum persönlichen Vorteil wendet: Denn mit dem offenen Aufeinanderzugehen »heilen wir natürlich nicht den behinderten
Menschen, sondern unser eigenes, oft krankes oder schlafendes Sozialempfinden, unsere Menschlichkeit«.[35]

Das ist ihre Kernbotschaft: Der Einsatz für behinderte Menschen ist kein
Opfer, das man eben erbringen muss wie einen Obolus. Er wird vielmehr
reich belohnt, indem er uns neue Welten erschließt und das soziale Empfinden, das in der schnelllebigen, egoistischen Gesellschaft verkümmert,
wieder belebt. Carmen Würth übersetzt damit die christliche Botschaft
der Nächstenliebe und die aktuellen Ergebnisse der Hirnforschung in
praktisches Tun: Liebe, die man gibt, kommt ins eigene Herz zurück.

Wissenschaftler sprechen hier vom »sozialen Instinkt«, den bereits der
britische Verhaltensforscher Charles Darwin im 19. Jahrhundert beschrie-
ben hat: »Die höchste Befriedigung [für den Menschen] stellt sich ein,
wenn man ganz bestimmten Impulsen folgt, nämlich den sozialen Instink-
ten. ... Die Liebe derer zu gewinnen, mit denen er zusammenlebt ..., ist
[für den Menschen] ohne Zweifel die größte Freude der Erde.«[36] Dem in
Freiburg lehrenden Neurobiologen Joachim Bauer zufolge bestätigt die
moderne Hirnforschung Darwins These und kommt zu dem Ergebnis:
»Zu einer Ausschüttung von Glücksbotenstoffen kommt es nicht nur dann,
wenn wir von anderen fair behandelt werden, sondern auch dann, wenn
wir uns selbst fair verhalten, insbesondere auch dann, wenn wir anderen
helfen, denen es schlechter geht als uns selbst. Diese für manche vielleicht
überraschenden Beobachtungen ließen in der amerikanischen Hirnforschung den Begriff des ›social brain‹ bzw. des ›egalitarian brain‹ entstehen,
was ausdrücken soll: Menschen haben ein von Natur aus auf soziale
Gemeinschaft und Gleichwertigkeit ausgerichtetes Gehirn.«[37]

Der Wintergarten im Hotel-Restaurant Anne-Sophie

VI.

DAS HOTEL-RESTAURANT ANNE-SOPHIE:
MEKKA UND BOTSCHAFT

Das spüren die Gäste im Hotel-Restaurant Anne-Sophie sehr direkt. Sie
erleben, dass hier ein anderer Geist weht. Die vorzügliche Gastronomie,
das behagliche Ambiente und der herzliche Service verbinden sich in angenehmer Harmonie und werden deshalb rasch zu einem Markenzeichen,
das weit über Hohenlohe hinaus strahlt.

Das bleibt nicht folgenlos. Und zwar in mehrfacher Hinsicht:

Zunächst wird das Hotel-Restaurant Anne-Sophie selbst zum Mekka
für Besuchergruppen. Sie kommen von nah und fern, um sich diese Insel
der Fürsorge vor Ort anzusehen. Sozialarbeiter und Behindertenbeauf-
tragte, Politiker und Funktionäre, Journalisten und vor allem mögliche
Nachahmer. Sie alle wollen wissen und verstehen: Wie funktioniert das?
Welche Schwierigkeiten treten auf, wenn geistig Behinderte in der Gastronomie beschäftigt werden? Welche neuen Chancen ergeben sich? Kann
Künzelsau Vorbild sein für andere Einrichtungen? Wird hier gar ein neuer
Weg der Integration, die man heute abgehoben Inklusion nennt, beschrit-
ten? Dieses Interesse ist durchaus gewollt. Man will schließlich Impulse
gegeben. Doch es kostet eben auch Kraft und Zeit.

Dann ist es aber auch Carmen Würth selbst, die plötzlich die Aufmerksamkeit auf sich zieht. Nach und nach rückt die Macherin ins Blickfeld:
Wer ist diese Frau, die so Großartiges leistet? Was treibt sie an, was kann
man von ihr lernen? Es folgen Gesprächs- und Interviewwünsche, Einladungen zu Vorträgen. Wo es geht, kommt sie ihren Botschafterpflichten
gerne nach. Denn die Anstiftung zum Guten soll sich verbreiten. Nicht

selten wird der Hohenloherin auch eine aktive Mitarbeit an konkreten Projekten angetragen, was in der Regel schon aus zeitökonomischen Gründen abschlägig beschieden wird.

Das ist die dritte Folgewirkung: Eine Person mit einem derart großen Herz, die auch noch über nicht unerhebliche finanzielle Mittel verfügt, wird rasch zur Klagemauer und Adresse für Bittsteller. Jugendliche, die im Ausland ein soziales Jahr ableisten, fragen ebenso um Unterstützung nach wie eine Vielzahl von sozialen Einrichtungen, zumal dann, wenn sie auch nur entfernt etwas mit Behinderten zu tun haben. Da Carmen Würth vor allem die Menschen hinter den Anfragen sieht und keineswegs über ein eigenes Büro mit festen Mitarbeitern verfügt, nimmt sie sich auch hier für die Auswahl und Bewertung viel Zeit. Jeder soll zu seinem Recht kommen – und sei es nur über eine begründete Absage.

Mit der Eröffnung des Hotel-Restaurants Anne-Sophie rückt, viertens, auch das soziale Engagement der Würth-Gruppe stärker ins Blickfeld. Zwar haben die einzelnen Konzerngesellschaften, zu denen nun auch die besondere Herberge im Zentrum von Künzelsau gehört, schon immer bereitwillig geholfen, wo Not zu lindern war. Doch im Vordergrund standen bislang die Förderung von Kultur, Sport und Bildung. Nun ist für jeden offensichtlich, dass im Stiftungswesen auch das Soziale einen festen Platz hat. Ganz nebenbei erfüllt das Unternehmen damit auch die gesetzliche Auflage, Schwerbehinderte zu beschäftigen, und spart somit Ausgleichszahlungen.

Ein weiterer Nutzwert ist die Wirkung nach innen: Auch den Mitarbeitern der Würth-Gruppe, zumal in Deutschland, wird nun zunehmend bewusst, dass im Unternehmen nicht nur Leistung, Umsatz und Ertrag zählen. Das soziale Engagement wird nicht nur wortreich gepriesen, sondern vor Ort gelebt. Auch bei Veranstaltungen für und mit Behinderten, bei denen vornehmlich Auszubildende des Konzerns als Helfer eingeladen werden. Das weckt die Sensibilität und den Stolz, ein Würthianer zu sein. Nicht wenige nehmen nun »die Frau des Chefs« ganz anders wahr: als aktive Gestalterin

Die historische Stube im Hotel-Restaurant Anne-Sophie

im Hintergrund, als soziales Gewissen des Unternehmens und ein bisschen auch als Wächterin für die menschlichen Belange. Kurzum: als die Frau, die mit dem Herzen sieht.

Carmen Würth hat sich also nicht nur die Geschäftsführung eines Hotels aufgeladen, das unter kritischer Beobachtung steht und seine Position im sozialen wie im gastronomischen Umfeld erst erkämpfen muss, sie ist auch gefordert als Botschafterin, Ratgeberin, Repräsentantin und Mitmacherin. Das ist etwas viel in einem Alter, in dem man gemeinhin das Leben als Rentnerin genießt.

HANDELN STATT REDEN

Oder ist vielleicht gerade das der Antrieb? In den verbleibenden Lebensjahren so viel wie möglich leisten. Impulse geben und »etwas auf die Gleise setzen«. Frei nach dem Pfadfindermotto »Jeden Tag eine gute Tat«, das Carmen Würth für sich jeden Abend in die Frage übersetzt: »Was kann ich morgen verbessern, was ich heute nicht gut gemacht habe?« An Ideen mangelt es ihr nicht. »Ich sehe eine Aufgabe – und dann fällt mir gleich eine Lösung ein«, umschreibt sie ihre Lust an Gestaltung.

Carmen Würth zählt eben nicht zu der weit verbreiteten »Man-sollte-mal-Fraktion«, die das Notwendige zwar erkennt und wortreich beschwört, was man alles tun müsste, doch stets von anderen die Umsetzung erwartet, um dann auf der Zuschauertribüne bequem die Hände in den Schoß zu legen und an der Leistung derer herumzumäkeln, die zur Tat geschritten sind. Derlei passive Bequemlichkeit ist ihr ein Gräuel. Es verstößt gegen ihr tiefes Gerechtigkeitsempfinden, wonach jeder nach seinen Möglichkeiten Sinnvolles zu leisten hat. Sei es gegenüber dem Nächsten, dem man respektvoll begegnet und die Tür aufhält, oder gegenüber dem Staat in einer solidarischen Bürgergemeinschaft.

Carmen Würth ist vielmehr ein aktives Mitglied der »Ich-packe-an-Fraktion«. Nicht lange reden, sondern handeln. Und handeln heißt für sie:

Spatenstich zum Erweiterungsbau des Hotel-Restaurants Anne-Sophie, 2011
Architekt Thomas Müller, Hoteldirektorin Yvonne Schmidt, Ehepaar Würth

selbst Hand anlegen, (wohl-)tätig sein im besten Sinne des Wortes, solange es die Gesundheit erlaubt. »Dass ich nicht gemütlich im Ohrensessel sitze, liegt auch an der Verantwortung, Mensch im christlichen Sinne zu sein«, führt die rührige Frau als weiteres Argument für ihre Umtriebigkeit an. »Außerdem gebe ich damit dem Staat etwas zurück und komme auch noch mit vielen interessanten Menschen zusammen.«

KOMPASS DES HELFENS

Dieser Wertekanon ist Richtschnur und Kompass bei der Auswahl derer, die Carmen Würth unterstützt. Etwa, indem sie von ihrer knappen Zeit etwas opfert und das seltene Gut der Zuwendung gibt. Mitunter greift sie auch in ihre private Geldschatulle oder legt bei einer der vielen Würth-Tochtergesellschaften ein gutes Wort ein, ob man nicht dieser Person oder jener Einrichtung etwas behilflich sein könnte. »Gute Chancen dafür bestehen, wenn geistige oder körperliche Behinderungen gegeben sind und ein hohes Maß an Eigeninitiative hinzukommt. Die Leute müssen schon selbst etwas tun«, fasst Franz Zipperle die Voraussetzungen zusammen.[38] Der ehemalige Bürgermeister von Boxberg leitet als Geschäftsführer die Gemeinnützige Stiftung Würth, die Carmen und Reinhold Würth 1987 gemeinsam gegründet haben, um die vielfältigen Aktivitäten des wachsenden Unternehmens zu bündeln. Deren Schwerpunkte liegen bei der Förderung von Kunst und Kultur, Forschung und Wissenschaft sowie Bildung und Erziehung. Die Wohltätigkeit reicht von einer derzeit gut 15.000 Werke umfassenden Kunstsammlung, die der Mäzen Reinhold Würth in seinen 14 Museen weltweit der Öffentlichkeit überwiegend kostenlos zugänglich macht, über die Förderung der Literatur bis hin zur Schulung von Lehrern, um Schülern mehr Wissen über die Wirkungsweise der Wirtschaft beizubringen.[39]

Eine Sonderrolle nimmt dabei das soziale Engagement ein. Dieser Bereich ist der Adolf Würth GmbH & Co. KG, der Keimzelle der Würth-Gruppe, zugeordnet und wird ebenfalls von Franz Zipperle verwaltet. Er berät Carmen Würth auf dem kurzen Weg: Man geht die Anfragen gemeinsam durch und entscheidet möglichst unbürokratisch. Das ist nicht immer einfach. Oft steckt Carmen Würth in einem Zwiespalt: Einerseits will sie »den Schwachen helfen«, andererseits erwartet sie auch persönlichen Einsatz. So streiten das soziale Gewissen und der Grundwert der Subsidiarität miteinander: nicht nur die Hand aufhalten, sondern selbst aktiv sein. Jeder nach seinen Möglichkeiten.

Immer ist es auch eine Gratwanderung. Wie geht man beispielsweise mit Egoisten um, die sich ein schönes Leben gemacht und nichts für schlechte Zeiten zurückgelegt haben? Jenen also, die sich die Fürsorge für eine Familie samt Kindererziehung »gespart« haben, um für sich selbst den Spaßfaktor zu erhöhen, dann aber bei Krankheit oder im Alter die Hilfe der Solidargemeinschaft in Anspruch nehmen? Die Antwort ist ein klares Sowohl-als-Auch: »Wenn man diesen Leuten hilft, entspringt das der christlichen Verantwortung. Aber wenn ich sehe, dass ich ausgenützt werde, dann sage ich: ›Du hattest deine Chance, jetzt musst du selber für dich sorgen.‹«

KEINE CHARITY-LADY

Deshalb kann man selbst die sonst so verständnisvolle Carmen Würth in Rage bringen, wenn man den Begriff »Helfersyndrom« in das Gespräch einwirft. »Das Wort ist Quatsch! Entweder man hilft oder man hilft nicht. Das ist kein Syndrom. Ich bin diejenige, die rennt, wenn etwas nicht in Ordnung ist – und andere stehen nur drumherum. Das ist eine Frage der Verantwortung, die man für die Mitmenschen empfindet«, belehrt die zierliche Frau, die bei diesem Thema auch schneidend werden kann. Man merkt ihr an, wie sehr sie die damit verbundenen Fragen umtreiben: »Was ist gerecht? Was ist sozial? Was ist menschlich? Was ist Liebe? Da sehe ich tausend Fragezeichen. Das Wort Liebe ist ein großer Begriff, der verloren gegangen ist. Damit haben sich Philosophen über Jahrtausende beschäftigt – und das Problem ist immer noch dasselbe.«

Doch sogleich gewinnt die Praktikerin in ihr wieder die Oberhand und sie nennt ein Beispiel: »Sozial ist man gewiss, indem man eine Patenschaft für ein Kind eingeht, das man gar nicht kennt. Sozial ist man aber erst recht, wenn man sich direkt um Bedürftige kümmert. Dafür gibt es jeden Tag genügend Gelegenheiten.« Diese Haltung erklärt, warum man die Gattin des weltweit hoch angesehenen Konzernlenkers so gut wie nie auf Charity-Partys sieht. Der wohltätige Gestus, wo man in feiner Robe und mit gespreizten Fingern den Champagnerkelch hält, ist ihre Welt nicht. Das ist ihr zu weit weg von den wirklich Bedürftigen. Ihnen will sie Zuwendung schenken – und nicht beim belanglosen Smalltalk Zeit verschwenden.

Botschafterin für Special Olympics

Das ist auch der Grund, warum sich Carmen Würth bis 2011 im Präsidium von Special Olympics Deutschland e.V. (SOD) engagiert. Sechs Jahre lang ist sie als Vizepräsidentin der weltweit größten Sportorganisation für Menschen mit geistiger Behinderung und Mehrfachbehinderung aktiv. Der gemeinnützige Verein betreut in Deutschland rund 40.000 Sportler, die in 13 Landesverbänden organisiert sind und in 861 Mitgliedsverbänden (Stand Ende 2011) regelmäßig trainieren. Weltweit gehören der Organisation über drei Millionen Athleten in 175 Ländern an. Seine Ziele beschreibt SOD so: »Special Olympics Deutschland verschafft Kindern und Erwachsenen mit geistiger Behinderung durch ganzjähriges, regelmäßiges Sporttraining und durch Wettbewerbe in einer Vielzahl von Sportarten Zugangs- und Wahlmöglichkeiten zur Teilhabe am gesellschaftlichen Leben. Dies reicht von wettbewerbsfreien Angeboten über die Teilnahme an Sportarten bis zu integrativen Mannschaften. Menschen mit geistiger Behinderung können aus diesem Angebot selbstbestimmt nach eigenen Interessen, Bedürfnissen und Wünschen auswählen.«[40]

Diese Form der Integration entspricht ganz dem Denken von Carmen Würth: Die einst begeisterte Sportlerin, die sich nach wie vor sehr für Sport interessiert, kennt die Kraft der Emotionen. Sie weiß, dass sich durch

Beim Special-Olympics-Sportfest, 2008

sportliche Leistung das Selbstbewusstsein und die Akzeptanz der Benach-teiligten in der Gesellschaft steigern lassen. Dass die Würth-Gruppe zu den großen Sponsoren von Special Olympics Deutschland zählt, ist daher gewiss kein Zufall. Denn Carmen Würth geht es stets um die praktische Arbeit vor Ort, die sich im überschaubaren Rahmen bewerkstelligen lässt: »Ich will etwas umsetzen. Ich will sportlich unterwegs sein. Ich will den Kindern in die Augen sehen. Ich will die Menschen an die Hand nehmen. Von Herz zu Herz!«

AKTIV VOR ORT SEIN

Also veranstaltet sie beispielsweise 2010 in Niedernhall unweit von Kün-zelsau einen regionalen Wettbewerb, zu dem Schüler und Behinderte ein-geladen werden. Sie vermittelt die Unterstützung durch das Stuttgarter Kultusministerium und auch, dass möglichst viele Auszubildende von

Würth aktiv dabei sind. »Denn je früher man Jugendliche mit Behinderten zusammenführt, desto eher begreifen sie, dass dieses Zusammensein auch ihnen etwas bringt. Da kommt dann oft sehr viel Begeisterung auf. Die einen sind überrascht, wie gut auch Behinderte rennen können. Andere melden sich spontan für die nächste Veranstaltung an und versichern: ›Da will ich wieder dabei sein.‹«

Als ihr Hotel-Restaurant Anne-Sophie von der Initiative »Land der Ideen« mit dem Titel »Ausgewählter Ort 2007« ausgezeichnet wird, begnügt sich Carmen Würth nicht mit einer Feierstunde für geladene Gäste und den üblichen Lobesreden. Sie initiiert in Künzelsau vielmehr ein zweitägiges »Fest der Begegnung«. Gut zehntausend Menschen strömen in die Innenstadt und verfolgen unter anderem einen Benefiz-Stadtlauf unter dem Motto »Menschen laufen für Menschen«, bei dem wie selbstverständlich auch Mitbürger mit Handicap am Start sind. Für jede überstandene Runde eines jeden Teilnehmers spenden die Sponsoren 50 Cent für Special Olympics. Durch diesen Anreiz kommt nicht nur Geld in die Vereinskasse, die »normalen« Besucher verlieren auch ihre Scheu im Umgang mit behinderten Menschen.

So stellt sich Carmen Würth praktische Integration vor: eben nicht nur reden und mit großen Veranstaltungen möglichst viel Aufmerksamkeit auf sich ziehen, sondern sich im Kleinen den Menschen direkt zuwenden. »Menschlichkeit und soziales Empfinden kann nicht angeordnet werden, sondern muss durch eigene Wahrnehmung in einem selbst erweckt werden.« In ihrer kurzen Ansprache in Künzelsau fordert sie die Bürger deshalb auf, »sich Gedanken zu machen, was wir verändern können. In der Gesellschaft und in uns selbst, wenn wir uns mit einem ehrlichen Lächeln begegnen. Wir sollten nicht nur mit den Augen sehen, sondern mit dem Herzen.«

Festakt mit den Mitarbeitern anlässlich der Auszeichnung »365 Orte im Land der Ideen«, 2007

Carmen Würth in Kirgisistan, 2009

*»Mein Herzensanliegen ist es, Menschen zu gewinnen,
um die Welt ein bisschen besser zu machen.«*

VII.

HELFEN IN GRIECHENLAND
UND KIRGISISTAN

Dass es sich Carmen Würth bei ihrem Engagement nicht eben leicht macht, soll hier exemplarisch an zwei Beispielen verdeutlicht werden. Sie hätte nun wahrlich genug Möglichkeiten, den etwas bequemeren Weg zu gehen. Sich etwa auf Schirmherrschaften zu beschränken, die ihr reichlich angeboten werden. Oder auf Vorträge in feinem Ambiente, wozu es auch genügend Einladungen gibt. Schließlich hat sie als Geschäftsführerin des Hotel-Restaurants Anne-Sophie ausreichend um die Ohren. Und Sohn Markus soll auch regelmäßig spüren, dass die Mutter für ihn da ist, zumal ihr die Lebensgemeinschaft Sassen nach wie vor sehr am Herzen liegt. Von den Verpflichtungen als Gattin eines gefragten Unternehmers, der bei seinen vielen Reisen – auch am Steuer des eigenen Flugzeugs – und Terminen gerne seine Frau dabei hat, ganz zu schweigen. Und schließlich ist noch ein Wohnsitz bei Salzburg zu betreuen, nachdem Reinhold Würth 2010 zusätzlich zur deutschen auch die österreichische Staatsbürgerschaft angenommen hat.

HOFFNUNG IN KIRGISISTAN

An Arbeit und Verpflichtungen mangelt es also nicht. Doch wo die Not am größten ist, ist auch Carmen Würth nicht weit. Selbst in über fünftausend Kilometern Entfernung öffnet sie ihr großes Herz. Dort, unweit der kirgisischen Hauptstadt Bishkek, hat die aus Deutschland stammende Heilpädagogin Karla-Maria Schälike bereits vor zwanzig Jahren das Kinderzentrum »Ümüt-Nadjeschda« aus dem Nichts aufgebaut. Es heißt übersetzt »Hoffnung« – und davon braucht man in Kirgisistan einen gewaltigen Vorrat, wenn man behinderten Kindern eine Zukunft bieten will. Sie gelten dort offiziell als »nicht bildungsfähig« und werden als »wertlose, weggeworfene Kinder« vom öffentlichen Leben ausgeschlossen. Damit bleibt ihnen der Zugang zu Kindergärten und Schulen versperrt. Im Kinderrehabilitationszentrum, das aus westlicher Sicht eher einer Ansammlung schlichter Behausungen gleicht, kümmern sich etwa 50 Mitarbeiter um 75 schwerst- und mehrfach behinderte Kinder und Jugendliche.[41]

Ihnen wird nicht nur eine neue Heimat gegeben, sondern auch eine Lebensperspektive. Denn die Einrichtung, die Mitglied im UNESCO-Programm für Assoziierte Schulen ist, fördert jene, die von jeder staatlichen Förderung ausgeschlossen sind, auf vielfältige Weise. Es gibt einen integrativen Kindergarten, ein Schulhaus, therapeutische Werkstätten, Wohngruppen und heilpädagogische Seminare. »Mit diesen Kindern und Jugendlichen wird heilpädagogisch, mit Elementen der Waldorfpädagogik, der Pädagogik von Janusz Korczak und anderen Therapieformen gearbeitet, sodass im Laufe der Zeit die Hälfte der ›Bildungsunfähigen‹ in staatliche Einrichtungen wechseln kann«, verweist das Zentrum nicht ohne Stolz auf seine Erfolgsbilanz, die sogar Universitätsstudenten und Akademiker vorweisen kann.[42]

Da das Zentrum vom kirgisischen Staat keine finanzielle Unterstützung erhält, ist es weitgehend auf Spenden angewiesen. Schlimmer noch: Den steuerlichen Status der Gemeinnützigkeit gibt es nicht. Die Helfer müssen daher sogar wie ein normaler Betrieb regulär Abgaben entrichten. Die rührige Gründerin und Leiterin, Karla-Maria Schälike, reist deshalb regelmäßig nach Deutschland, um für Unterstützung zu werben. Sie hält Vorträge, knüpft Kontakte und pflegt die Verbindung zu einem Förderverein, der im baden-württembergischen Tuttlingen Hilfen für »Ümüt-Nadjeschda« sammelt.

In Reutlingen, wo Carmen Würth die Schirmherrschaft für ein Behinderten-Festival übernommen hat, kreuzen sich 2007 die Wege. Seither zählen das Unternehmen Würth und die »Seniorchefin« zu den bedeutenden und regelmäßigen Sponsoren. Denn so viel Selbstlosigkeit, so viel Engagement und so viel Not überzeugen Carmen Würth: Dort, beinahe an der

Grenze zu China, ist eine Einrichtung für Behinderte entstanden, die Unterstützung verdient. Vielleicht auch, weil das Konzept etwas an die Lebensgemeinschaft Sassen erinnert.

Wie immer, wenn unter der Marke Würth etwas angepackt wird, werden auch in Kirgisistan Nägel mit Köpfen gemacht. Die dortige, noch kleine Niederlassung von Würth hilft bei der Ausstattung der Werkstätten. Zahlreiche Gerätschaften – von der Säge bis zum Computer – werden aufwendig nach Zentralasien geschafft oder vor Ort organisiert. Das erfordert mitunter viel Überzeugungskraft und hohen logistischen Einsatz, wie Franz Zipperle von den Mühen der guten Taten berichtet. Da wegen der mangelhaften Infrastruktur selbst in Bishkek häufig der Strom ausfällt, suchen die Handwerkerprofis aus Deutschland auch hier nach technischer Abhilfe: Sie liefern gleich ein ganzes Notstromaggregat. Damit aber überhaupt weniger Energie verbraucht wird, dämmen die Helfer aus Deutschland erst einmal das Schulhaus und andere Gebäude.

Zur Feierstunde anlässlich des 20-jährigen Bestehens der Einrichtung nimmt Carmen Würth 2009 sogar die beschwerliche Anreise auf sich, um den Einsatz vor Ort zu würdigen und eine Spende des Vertrauensrats der Adolf Würth GmbH & Co. KG zu überreichen, zu der sie die Mitarbeiter ermuntert hat. Es trifft sich gut, dass der Gatte die Reise samt kleiner Delegation nutzt, um dem 1993 gegründeten Tochterunternehmen in Kirgisistan einen ersten Inspektionsbesuch abzustatten. Genau genommen ist es natürlich umgekehrt. Oder eben ein Beispiel, wie Carmen Würth Interessen elegant verbindet und Gelegenheiten für ihre Mission geschickt nutzt.

Im Extremfall wird von Hermersberg aus sogar der Transport von Schwerstbehinderten zur Operation nach Künzelsau organisiert, was mit einem gewaltigen Aufwand verbunden ist. Denn es gibt keine direkten Flugverbindungen von Bishkek nach Deutschland. Auch benötigen die Kinder in der Regel eine Rundumbetreuung. Dafür operiert Professor Christoph Karle, der in Heidelberg und Künzelsau praktiziert, die Kinder, ohne ein Honorar dafür zu berechnen.[43]

Carmen Würth besucht regelmäßig ihre Schützlinge im griechischen Galaxidi

»Was ist lebensfähig – und was nicht?«

Wer nun allerdings fragt, ob hier nicht Aufwand und Ertrag in einem Missverhältnis stehen, wird von Carmen Würth nachdrücklich über den Wert des menschlichen Lebens belehrt, der eben nicht nach ökonomischen Maßstäben zu bemessen sei: »Kein Mensch ist vor Behinderung gefeit. Sie werden meist nicht so geboren, sondern durch Krankheit, durch Unfälle oder durch Impfschäden dazu verdonnert, für den Rest des Lebens behindert zu sein. Deshalb hat der gesunde Mensch kein Recht, zu urteilen, was lebensfähig ist und was nicht. Wenn wir alles Unbequeme abschaffen – was wird dann aus uns? Wir haben alle eine soziale Seite. Wenn wir diese nicht mehr wahrnehmen und keine Sensoren mehr haben für die Nöte anderer, dann verlieren wir die Menschlichkeit.«

Jeder habe daher ein Recht auf Hilfe und Unterstützung, soweit dies möglich ist. Was allerdings nicht heißt, dass immer jeder Wunsch erfüllt werden kann. »Man muss aufpassen, dass man nicht zu sehr vereinnahmt wird. Sonst kommen immer neue Anfragen. Das weckt Begehrlichkeiten. Auch die Niederlassung in Kirgisistan darf nicht zu sehr in Beschlag genommen werden. Die müssen schließlich erst einmal ihr eigenes Geschäft erledigen«, zieht die Helferin eine sanfte Grenze. Grundsätzlich gilt: »Es geht um praktische Dinge, damit die Idee auch weiter gelebt werden kann.«

Eine Zuflucht in Griechenland

Unweit von Delphi, das der altgriechischen Sage nach als »Nabel der Welt« mystischen Ruf genießt, liegt das beschauliche Fischerdorf Galaxidi. Dort, am Hang eines Berges, haben Doris und Kurt Eisenmeier Anfang der 90er-Jahre über eine von ihnen initiierte Stiftung ein zweieinhalb Hektar großes Grundstück erworben. Nach dem Vorbild der Lebensgemeinschaft Sassen soll hier die erste Völker verbindende Gemeinschaft entstehen, die auch in Griechenland eine Oase der Zuwendung für behinderte Menschen schafft. Durch die frühere unternehmerische Tätigkeit der Familie Eisenmeier bestehen langjährige Kontakte zu Griechenland, aus denen wiederum die Idee zu diesem sozialen Projekt erwächst. »Am 30. Mai 1992 wurde in Sassen die Stiftung ›Estia Agios Nikolaos‹ [St.-Nikolaus-Heim] gegründet, mit dem Zweck, die materielle, geistige und sittliche Förderung erzieherischer, berufsbildender und sozialer Initiativen, Einrichtungen und Tätigkeiten zu erwirken, die anthroposophischen Grundsätzen entsprechen. Diese Förderung sollte sowohl in der Bundesrepublik Deutschland als auch in Griechenland erfolgen«, fasst Evangelos Goros, der die Entwicklung auch vor Ort mitverfolgt, die Zielsetzung zusammen.[44]

Doch die Umsetzung ist alles andere als einfach. Die lokalen Repräsentanten sind dem Vorhaben, das dem heiligen Nikolaus gewidmet ist, alles andere als wohlgesonnen. Sie möchten sich den touristischen Aufschwung nicht gefährden lassen durch eine Behinderteneinrichtung. Darin sehen sie eine Gefahr für das »Dolce Vita«, mit dem sie zahlungskräftige Gäste aus aller Welt in den Ort locken wollen. Geistig Behinderte stören den schönen Schein. Das Projekt wird sogar als Hort einer Sekte verdächtigt, die ganz andere Ziele habe und deshalb entschieden bekämpft werden müsse. »Die Angriffe von außen stärkten jedoch den Kreis der Förderer der Estia. Die Arbeiten auf dem Grundstück kamen, auch durch eine wohlwollende und tatkräftige Unterstützung der Stiftung Reinhold Würth, zufriedenstellend voran.«[45]

Mitte der 90er-Jahre ist eine wichtige Etappe geschafft: Zwei im toskanischen Stil erstellte Wohnhäuser mit Meerblick und eine Werkstatt sind bereit, die ersten zwölf geistig Behinderten und ihre Betreuer aufzunehmen. Heute sind es zwanzig und ebenso viele Betreuer, die in einem Familienverband ähnlich der Lebensgemeinschaft Sassen in mittlerweile vier einladenden Häusern mit- und füreinander leben.

Doch es kostet noch viel Überzeugungskunst, ausreichend Akzeptanz und Förderer vor Ort zu gewinnen. Das ist maßgeblich das Verdienst von Kurt Eisenmeier – und ein bisschen auch von Carmen Würth, die den Mentor von Sassen sehr schätzt und nach Kräften unterstützt. »Sie hat nicht nur sehr viel Engagement für dieses Projekt aufgebracht, sondern die Menschen mit viel, viel Liebe immer wieder ermuntert«, berichtet der Deutsch-Grieche Goros voller Bewunderung.[46] »Frau Würth nimmt sich Zeit, wo man es nicht erwartet. Sie ist absolut zuverlässig und sorgt dafür, dass etwas Schönes entsteht«, fährt der langjährige Sozialpädagoge, der sich beruflich insbesondere um die griechische Gemeinde in Baden-Württemberg kümmert, mit aufrichtiger Begeisterung fort. »Ich bin viel mit Sozialleuten unterwegs. Doch Frau Würth ist eine der wenigen Personen, mit denen es Spaß macht, etwas anzupacken.«[47] Weil sie eine »blitzartige Auffassung für Not« hat und ebenso schnell praktische Lösungen findet, nennt Goros die Helferin aus dem Hohenlohischen eine »vorbildliche Sozialarchitektin«.[48]

Wieder nutzen Carmen und Reinhold Würth ihre unternehmerischen Möglichkeiten, um das griechische Pilotprojekt im Kampf gegen die Mühen des Alltags und mancherlei Widerstände zu unterstützen. Schließlich verfügt der Weltmarktführer für Montage- und Befestigungstechnik auch in Griechenland über Niederlassungen und damit über nützliche Kontakte. Doch selbst die stoßen an Grenzen. »Die griechische Gesellschaft tut sich im Umgang mit Behinderten nach wie vor schwer. Oft fehlt das Verständnis für deren Nöte und die Bereitschaft zur wirklichen Integration«, klagt Goros über seine Landsleute.[49] Durch die schwere Finanz- und Wirtschaftskrise des Landes ab 2010 ist die Situation noch schwieriger geworden. Ob der Wunsch der Gründer um Doris und Kurt Eisenmeier, die Lebensgemeinschaft Estia Agios Nikolaos möge sich bald von »Deutschland abnabeln und in griechische Hand übergehen«, Wirklichkeit wird, vermag auch Carmen Würth heute nicht zu sagen. Die Fragezeichen sind groß. Hierzu muss wohl das Orakel von Delphi befragt werden.

VIII.

»WAS KANN ICH MORGEN
BESSER MACHEN?«

Hat die Wohltäterin aus Hermersberg überhaupt noch ein Privatleben?
Wie bekommt sie unternehmerische Verpflichtungen und soziales Engagement unter einen Hut, ohne die mittlerweile stattliche Familie mit den
drei Kindern Marion, Bettina und Markus, den fünf erwachsenen Enkeln
Benjamin, Sebastian, Maria, Nikolaus und Benedikt und natürlich der
sehr ins Herz geschlossenen ersten Urenkelin Aurora zu vernachlässigen?
Kurzum: Wie schafft sie das alles und behält dennoch eine ansteckend
gute Laune?

Die Frage, gibt sie dem Interviewer charmant zu verstehen, ist falsch gestellt.
Gewiss, ab und an würde sie schon mal gerne die Füße hochlegen, ihren
geliebten Komponisten Franz Schubert hören und einfach nur in den vielen
Büchern schmökern, die sie in ihren Häusern stets griffbereit verteilt hat.
Etwa nach Friedrich Schiller greifen, dessen rebellisches Aufbegehren sie
teilt; sich von der sanften Erzählkunst Hermann Hesses bezaubern lassen;
den Dichterfürsten Goethe, den sie auch als Wissenschaftler und Ideengeber
für die Anthroposophie (Farbenlehre) schätzt, zur Hand nehmen; bei Friedrich Nietzsche wieder einmal »kluge Gedanken« nachlesen; oder sich von
Zenta Maurina aufmuntern lassen, wenn die Litauerin so einfühlsam das
Leid der Benachteiligten zu hoffnungsvollen Erzählungen wendet.

Ja, es gäbe noch so viel zu lesen. Ihre Bibliotheken sind reich bestückt und
wie im Hotel-Restaurant Anne-Sophie für die Gäste jederzeit zugänglich.
Doch Carmen Würth macht aus der Zeitnot eine Tugend: »Wenn ich von
den Büchern, die überall herumliegen, nur ein oder zwei Seiten lese, dann
habe ich schon etwas gelernt.« Eines aber ist der Frau, die so gerne auch

Markus mit Kollegen in der Töpferwerkstatt

Germanistik studiert hätte, wichtig: »Ich möchte keinen Tag verbringen, ohne ein Gedicht zu lesen.«

Deshalb greift sie das Angebot freudig auf, bei der in Stuttgart ansässigen »Akademie für gesprochenes Wort« einen Sitz im Kuratorium einzunehmen. »Wenn es irgendwie möglich ist, gehe ich zu den Sitzungen. Einfach, weil ich Freude an Vorträgen und der deutschen Sprache habe«, begründet die wissensdurstige Leserin ihr Engagement auf dem literarischen Feld. Denn Worte sind für sie mehr als begriffliche Ansammlungen von Buchstaben. Sie wollen bewusst gewählt werden. »Deshalb tut es mir weh, wenn unsere Sprache mit Anglizismen verhunzt wird. Die deutsche Kultur wird dabei mit Füßen getreten und verpönt. Wir haben auch eine Kultur vor Hitler.«[50]

Inklusion ist so ein Wort, bei dem Carmen Würth »Stehhaare« bekommt, wie sie das Gefühl der Abneigung bildhaft nennt. »Keiner weiß richtig, was damit gemeint ist. Warum sagt man nicht Begegnung mit oder Einbindung von Behinderten in unsere Gesellschaft? Dann schwätzen wir halt drei Worte mehr, aber jeder versteht, was gemeint ist. Einbindung ist eine Aufforderung. Das ist aktiv und nicht verschleiernd. Das verstehen auch die geistig Behinderten. Doch viele der angeblichen Fachleute und Professoren dozieren nur noch. Auf eine klare Aussage wartet man oft vergebens.«

Ihr Kampf für eine klare, verständliche Sprache ist jedoch weit mehr als konservativer Purismus. Sie ist keine Bilderstürmerin, die krampfhaft am Traditionellen festhält. Es geht ihr vielmehr um Sensibilität. So wie Carmen Würth einen sorgsamen Umgang mit der Natur oder mit den Mitmenschen einfordert, so achtet sie auch auf eine wohl überlegte Wortwahl. Hier ist sie eine scharfsinnige Beobachterin, hält sich gerne im Hintergrund, hört bei Gesprächen (zumal wenn sie ihren Mann begleitet, der stets im Mittelpunkt steht) aufmerksam zu, um feinsinnig Tiefgang von »Blabla« zu unterscheiden, auch wenn das Nichtssagende hochtrabend formuliert wird.

Insofern greift das eine in das andere, ist Privates von Geschäft und Mission nur schwer zu trennen. Immer will sie ein »Bewusstsein schaffen, dass man sich mit der Sache und den Menschen aufrichtig und intensiv befassen muss«. Dabei sind drei Worte für sie von zentraler Bedeutung: Dankbarkeit, Verantwortung und Liebe.

Dankbarkeit ist eng verbunden mit Demut. »Ich freue mich immer noch jeden Tag über eine funktionierende Toilette und fließendes Wasser«, beteuert die Frau, die sich goldene Wasserhähne leisten könnte. Doch die Nachkriegszeit, »als man hungrig zu Bett ging und keine Schuhe hatte«, prägt bis heute ihr Bewusstsein. »Ich bin sehr bescheiden aufgewachsen. Man hat geschätzt, was es auf der Erde gab. So lebe ich noch heute.« Diese Dankbarkeit verbindet sie mit ihrem Mann Reinhold. »Wir sind beide Kriegskinder und haben uns an Kleinigkeiten erfreut. Doch wer sagt heute noch Danke?« Sie ärgert sich über die verbreitete Miesepetrigkeit in unserer Wohlstandsgesellschaft. Um dann eine Feststellung von geradezu philosophischer Tiefe anzufügen: »Wenn es mir gut geht und ich nicht mehr dankbar dafür bin, verlasse ich den Zustand, dass es mir gut geht.«

Verantwortung ist für Carmen Würth die Pflicht, »behutsam miteinander umzugehen«. Der Begriff »soziale Verantwortung« wird ihr zu oberflächlich und inflationär verwendet. Sie sieht darin zunächst eine Aufforderung an jeden Menschen selbst. Deshalb steht sie dem klassischen Fürsorgestaat skeptisch gegenüber, »weil der den Leistungswillen des Einzelnen zerstört. Wir haben den Menschen vergessen und denken nur noch an das Materielle.« Nicht die Gesellschaft, sondern jeder Einzelne müsse sich für den Nächsten verantwortlich fühlen. »Das ist praktische Nächstenliebe – und eine christliche Pflicht.«

Liebe ist für sie mehr als nur ein Wort. »Sie muss spürbar und greifbar sein, dann wird man selbst glücklich«, verdeutlicht die Sprachbewusste auch hier den Aufforderungscharakter: Man muss geben, um zu bekommen. Wie sie es schon in die Poesiealben ihrer Schulfreundinnen schrieb und immer wieder gerne zitiert: »Liebe, die Du gibst, kommt in Dein Herz zurück.« Im Umgang mit Behinderten bedeutet Liebe nach ihrer Erfahrung vor allem, »Zeit, Zuwendung und Zärtlichkeit zu geben. Wie bei einem Kind.« Zurück bekommt man aufrichtige Dankbarkeit, die wiederum die eigene Seele wärmt.

Diese drei Tugenden sind es, die den Charakter von Carmen Würth prägen. Sie redet nicht nur darüber, sondern handelt danach. Deshalb empfindet sie ihr Aufgabenpensum nicht als Last, sondern als Bereicherung für das Leben. Personen, die mit Carmen Würth direkt zu tun haben, sind immer wieder angetan von der Herzlichkeit, mit der sie sich den Zugang zu anderen Menschen erschließt. Wie schnell sie den Kontakt gerade zu Behinderten findet, die oft auf Fremde schüchtern bis ablehnend reagieren. Eben weil sie spüren, dass die Zuwendung, das aufmunternde Wort oder die direkte Hilfestellung von Herzen kommt.

»Meine Zeit ist irgendwann einmal vorbei«, sinniert die nun 75-Jährige gelegentlich über die Endlichkeit des Lebens. Aber nicht klagend, sondern im Bewusstsein, dass sie ihre Aufgaben und Vorhaben »nicht auf Jahre hinausschieben kann«. Auch aus dieser unumstößlichen Tatsache liest die rührige Nicht-Rentnerin die Aufforderung an sich selbst, aktiv zu bleiben und noch viele Ideen umzusetzen, so lange es die Gesundheit erlaubt: »Wenn mir dann gut gelingt, was ich mir vorgenommen habe, war es ein guter Tag. Dafür bete ich jeden Morgen und jeden Abend.«

Carmen in Kolkata (Kalkutta), Indien, 2005

1   Soweit nicht kenntlich gemacht, ent-
    stammen alle Zitate den Gesprächen,
    die der Autor in den Jahren 2010 und
    2011 mit Carmen Würth jeweils in
    Hermersberg geführt hat.

2   Vgl. »Pforzheimer Rundschau«, Nr.
    165, Lokalteil vom 19. Juli 1937. Auf der
    Titelseite steht ein großer Artikel mit
    der Überschrift »Der neue Weg der
    deutschen Kunst – Der Führer weiht
    das Haus der Deutschen Kunst als
    eine Stätte wahrhafter schöpferischer
    Leistung« ein.

3   Gespräche des Autors mit Christian
    Groh im Sommer 2011, vgl. dazu auch
    der ausführliche Aufsatz in:
    http://www.bombenkrieg.historicum-
    archiv.net/themen/pforzheim.html
    (abgerufen am 18.08.2011).

4   Ebda.

5   Ebda. mit weiteren Quellenangaben
    zur Zerstörung von Pforzheim.

6   Zum Erfolg des Hotel-Restaurants
    Anne-Sophie siehe auch die Seiten
    83 ff. Zur Entstehung und zum päda-
    gogischen Konzept der Freien Schule
    Anne-Sophie mit ihren Standorten in
    Künzelsau und seit 2011 in Berlin vgl.
    www.freie-schule-anne-sophie.de.

7   Vgl. http://www.friedrichshafen.de/
    unsere-stadt/historisches/
    stadtgeschichte/der-2-weltkrieg (abge-
    rufen am 17. 11. 2011).

8   Die Tochter Katharina der Hoteliers-
    familie Jehle hat 1950 den Schriftsteller
    Martin Walser (1927 in Wasserburg
    am Bodensee geboren) geheiratet, der
    damals als Reporter beim Süddeut-
    schen Rundfunk in Stuttgart, dem
    heutigen SWR, beschäftigt war. Aus
    dieser Zeit kennt Carmen Würth
    Martin Walser persönlich.

9   Reinhold Würth im Gespräch mit dem
    Autor im Frühjahr 2010, zitiert nach
    »75/65 – Der Sammler, das Unterneh-
    men und seine Kollektion«, hier S. 30,
    Swiridoff-Verlag,
    Künzelsau 2010.

10 Ebda.

11 Siehe dazu auch die persönlichen
    Briefe von Marion und Bettina Würth
    an ihre Mutter in diesem Buch,
    S. 13 ff.

12 »75/65 – Der Sammler, das Unterneh-
    men und seine Kollektion«, S. 98 ff.

13 Aus Gesprächen des Autors mit
    damaligen Mitarbeitern.

14 Zitiert nach: http://www.theodor-
    hellbruegge-stiftung.de/start.htm
    (abgerufen am 15.10.2011).

15 Weiterführende Informationen unter: http://www.montessori-deutschland.de/deutschland.de/montessori-paedagogik.html?&MP=749-777 (abgerufen am 15.10.2011).

16 Zitiert nach: http://www.theodor-hellbruegge-stiftung.de/start.htm (abgerufen am 15.10.2011).

17 Ebda.

18 Ebda.

19 Heute residiert diese Sonderschule im Künzelsauer Teilort Taläcker und heißt »Gebrüder-Grimm-Schule«. Sie wird unter anderem von der in Künzelsau ansässigen Heinrich-Körner-Stiftung gefördert, in deren Kuratorium Carmen Würth Mitglied ist.

20 Zitiert nach: »Eine Gemeinschaft entsteht. Ein Buch aus Anlass des 40-jährigen Bestehens der Lebensgemeinschaft Sassen und Richthof«, 2008, o. O., S. 60.

21 Ebda S. 7.

22 Ebda.

23 Zum Leben in der Dorfgemeinschaft Sassen und Richthof siehe in diesem Buch, S. 133 ff.

24 Gespräch des Autors mit Kurt Eisenmeier am 4. März 2011 in dessen Haus in Sassen. Kurt Eisenmeier verstarb am 1. Juli 2011 im Alter von 86 Jahren.

25 Ebda.

26 Ebda.

27 Ebda.

28 Zitiert nach: Stefan Kraut: Belebte Zimmer. Das Anne-Sophie-Haus und der Würzburger Bau in Künzelsau, Swiridoff Verlag, Künzelsau 2006, S. 15 ff.

29 Ebda S. 18.

30 Die handschriftlich verfasste Rede von Carmen Würth zur Eröffnung des Hauses »Anne-Sophie« am 14. März 2003 wurde 2004 ohne Ortsangabe in einem handlichen A5-Format, das an ein Schulheft erinnert, gedruckt. Hier: S. 5 ff.

31 Ebda S. 10 und 11. Anne-Sophie (1990 – 1999) ist die Tochter von Bettina Würth und ihrem Ehemann Markus Würth.

32 Ebda S. 9.

33 Diesen Gedanken thematisiert Carmen Würth in den Gesprächen mit dem Autor immer wieder. Er findet sich auch in der Eröffnungsrede von 2003, ebda S. 8. Mit Prof. Roman Herzog, der unweit von Hermersberg auf Burg Jagsthausen wohnt, ist die Familie Würth seit Langem befreundet. Die Familie Würth engagiert sich auch im Freundeskreis der Burgfestspiele Jagsthausen.

34 Ebda S. 9 ff.

35 Ebda S. 10 ff.

36 So zitiert der in Freiburg lehrende Neurobiologe und Psychosomatiker Professor Joachim Bauer den wohl renommiertesten Natur- und Verhaltensforscher Charles Darwin, vgl. SWR 2, AULA, vom 6. November 2011, hier: http://www.swr.de/swr2/programm/sendungen/wissen//id=8650558/property=download/nid=660374/9pby28/swr2-wissen-20111106.pdf (abgerufen am 08.11.2011).

37 Ebda S. 3, vgl. dazu die Bücher von Joachim Bauer: Schmerzgrenze – Vom Ursprung alltäglicher und globaler Gewalt. Blessing Verlag, München 2011; Prinzip Menschlichkeit: Warum wir von Natur aus kooperieren.

Heyne Verlag, München. Aktualisierte
Auflage 2008.

38 Gespräche des Autors mit Franz
Zipperle 2010 und 2011 in Künzelsau.

39 Auskunft über das breite gemeinnützige Engagement der Familie Würth und
der Würth Group gibt auch aktuell die
Homepage unter www.wuerth.de.

40 Vgl. http://www.specialolympics.de/
de/special_olympics/die_idee.html?
S=qibggtmn (abgerufen am 12.12.2011).

41 Vgl. www.nadjeschda.org (abgerufen
am 06.12.2011).

42 Ebda.

43 Siehe das persönliche Schreiben von
Christoph Karle, S. 122 ff.

44 Zitiert aus der Zeitschrift neaFon,
04-2005, S. 88. Das deutsch-grie-
chische Magazin wird von dem Stuttgarter Verlag Neafon herausgegeben.
Der Autor ist diplomierter Sozialpädagoge beim Diakonischen Werk Würt-

temberg und zugleich Vorsitzender der
Europäischen Gesellschaft Diaphania.
In dessen Vorstand arbeitet Carmen
Würth von 2005 bis 2010 tatkräftig
mit. 2011 küren sie die Mitglieder auf
der Hauptversammlung einstimmig
zur Ehrenvorsitzenden des Vereins,
der sich für Völkerverständigung und
Toleranz in Europa einsetzt. Die Auszeichnung wird bei einer großen Feier
im Mai 2012 in Heilbronn verliehen.

45 neaFon, ebda.

46 Gespräch des Autors mit Evangelos
Goros am 20.08.2011 in Weinsberg.

47 Ebda.

48 Ebda.

49 Ebda.

50 Vgl. dazu die Würdigung des Kurato-
riums der Akademie, S. 126 ff. Das
Unternehmen Würth zählt zu deren
Förderern.

Ehepaar Würth mit Robert Friedmann

❤ Robert Friedmann an Carmen Würth

DANKE

Liebe Frau Würth,

»Das müssen Sie mal erleben, Herr Friedmann«, haben Sie zu mir gesagt. Und ich bin dieser Aufforderung gerne gefolgt: Gemeinsam haben wir die Lebensgemeinschaft Sassen e.V. besucht, für die Sie sich engagieren. Geistig behinderte Menschen leben dort in Großfamilien und arbeiten in Werkstätten. Wir haben an diesem Tag kennengelernt, wie Familien behinderte Menschen in ihrem Kreis aufnehmen und ihnen damit ein Familienleben ermöglichen, welches für diese Menschen sonst nicht alltäglich wäre. In besonderer Erinnerung sind mir auch die verschiedenen Werkstätten geblieben: Dort wurden Produkte erzeugt, die dann auch verkauft werden.

Es war tatsächlich beeindruckend für mich zu sehen, wie das Leben dort stattfindet. Die behinderten Menschen sind innerhalb der Gemeinschaft völlig integriert – sie werden in Sassen »Dörfler« genannt. Ich danke Ihnen für die Ermunterung, dort hinzugehen und für eine kurze Zeit an diesem Leben teilhaben zu dürfen. Das ist das, was Sie, liebe Frau Würth, auszeichnet: Sie schaffen es, anderen die Augen zu öffnen – für Dinge, die ihnen sonst vielleicht verborgen blieben. Sie rufen uns immer wieder zu einem Perspektivwechsel auf, stupsen uns auf Ihre charmante und herzliche Art an, die Welt mal mit den Augen anderer zu betrachten.

Das schätze ich persönlich. Gleichzeitig ist das auch ein riesiger Gewinn für die Würth-Gruppe. Sie fordern uns immer wieder dazu auf, wichtige und wesentliche Dinge zu sehen, die in dem rational dominierten Geschäftsleben verloren gingen. So ist ein Besuch in Sassen auch fester Bestandteil der Ausbildungsarbeit bei Würth geworden: Im Rahmen des »Sozialen Lernens« arbeiten Auszubildende der Adolf Würth GmbH & Co. KG einmal im Jahr in der Lebensgemeinschaft mit. Die Jugendlichen wohnen in dieser Zeit in den Familien und erfahren, was man durch eine Gemeinschaft erreichen kann. Stärken und Schwächen haben ihren Platz – das Zusammenspiel aller ist entscheidend. Auch übertragen auf den Unternehmensalltag ist das eine wichtige Feststellung: Es kommt nicht immer nur auf Professionalität und fachliche Kompetenz an – Empathie ist eine Fähigkeit, die ebenso wichtig im Umgang mit Menschen ist. Und wenn wir von Würth als einem Familienunternehmen sprechen, dann sind Sie es, liebe Frau Würth, die sich dafür einsetzt, dass die Dimension des »Sich-in-jemanden-Hineinfühlens« in unserer Gemeinschaft, in unserer Unternehmenskultur lebendig bleibt. Dafür danke ich Ihnen ganz herzlich!

Ich kenne kaum jemanden, der so konsequent wie Sie nach dem Grundsatz »Dem Gedanken folgt das Wort und dann die Tat« lebt. Mit dem Hotel-Restaurant Anne-Sophie haben Sie selbst einen ganz besonderen Ort geschaffen, an dem behinderte und nicht behinderte Menschen zusammenarbeiten und an dem Gäste eine Herzlichkeit vorfinden, die ihresgleichen sucht. Das Hotel-Restaurant Anne-Sophie ist ein Aushängeschild für die Würth-Gruppe. Darüber hinaus engagieren Sie sich seit einigen Jahren bei Diaphania, um nur eine Organisation zu nennen – als Vorbild gehen Sie hier voran. Bitte verlassen Sie sich darauf, dass das Unternehmen Ihre Initiativen jederzeit unterstützen wird.

Seit 1992 kenne ich nun die Würth-Gruppe sozusagen von innen. Das sind 20 Jahre, in denen sich das Unternehmen rasant entwickelt hat. Mir fallen spontan viele Meilensteine ein, die innerhalb dieser Zeit gesetzt wurden. Und doch überblicke ich nur eine relativ kurze Spanne und bei Weitem nicht alle wichtigen Wegmarken und Entwicklungen, die das Unternehmen geprägt oder irgendwie einen Einfluss auf seine heutige Konstitution genommen haben. In Gesprächen mit Ihnen wird mir das besonders klar. Das muss wohl daran liegen, dass Sie bewusst auch hier den Fokus, manchmal im besten Sinne provozierend, immer aber mit Bestimmtheit, verschieben. Da geht es nicht nur um die Betrachtung des Umsatzwachstums, der Internationalisierung oder wichtiger Akquisitionen, sondern um Dinge, die unter der Oberfläche liegen: beispielsweise um die Entwicklung und den Einsatz der Menschen. Um Zusammenhänge und Motivationen zu verstehen, sind diese Aspekte mindestens genauso wichtig wie die Analyse der Kennzahlen – nicht nur in der Vergangenheitsbetrachtung, auch für die Zukunft.

Liebe Frau Würth, im Geschäftsbericht der Würth-Gruppe 2010 ist ein Interview mit Ihnen abgedruckt. Es dreht sich um die Frage »Kann man Glück teilen?« Sie antworten mit einem klaren Ja und erklären, wie das funktionieren kann: »Es hat etwas mit Teilhabenlassen zu tun. Viele glauben, dass sie sich oder andere dazu erziehen müssten. Für mich war es aber immer ein grundlegendes Bedürfnis, mein Glück zu teilen.« Genau so kenne ich Sie. Und Sie besitzen die wunderbare Gabe, diesen Leitsatz nicht nur selbst umzusetzen, sondern Sie ermutigen auch andere, danach zu leben.

Deshalb weiß ich, wenn ich Ihnen vor dem Hintergrund des schönen Anlasses, zu dem dieses Buch erscheinen wird, »Zum Geburtstag viel Glück!« wünsche, Sie dieses auch wieder teilen werden. Deshalb wünsche ich Ihnen ganz viel davon!

Herzliche Grüße

Ihr Robert Friedmann

Justus Frantz an Carmen Würth

Liebste Carmen,

eigentlich braucht es keinen Anlass, Dir zu sagen, was für eine wundervolle Frau Du bist. Aber ich nehme Deinen Geburtstag gern zum Anlass, über Dich, Dein Wirken und die lange Freundschaft, die uns verbindet, nachzudenken.

Wenn ich – auch nach längerer Zeit – zu Euch komme, habe ich das Gefühl, als hätten wir uns vor drei Minuten das letzte Mal gesehen. Es gibt kein »Fremdeln«. Die Natürlichkeit unserer freundschaftlichen Beziehung gibt mir Wärme und Stärke. Dabei bist Du ein Mensch, der ganz offen und ehrlich seine Meinung sagt und sich nicht durch Ansehen des Gegenübers, durch seine Macht, durch seine Titel korrumpieren lässt. Nein, Du bleibst Du – ein reiner Mensch mit einer jugendlichen Seele.

Du bist für mich eigentlich immer ein Wunder: Dein Aussehen und Deine Wesensart stehen im totalen Widerspruch zu diesem Geburtstag. So warte ich auf den Tag, wenn ich wieder einmal gefragt werde, ob »meine Tochter« mit mir noch etwas essen möchte.

Je älter – älter kann ich eigentlich gar nicht sagen, denn älter scheinst Du ja nicht zu werden – also, je reifer Du wirst, umso mehr wächst Du an neuen, großen Aufgaben. Vielleicht ist dies ja das Geheimnis Deiner Jugendlichkeit, dass Du Dich immer wieder Neuem und Aufregendem stellst, vor allem aber Deinem sozialen Gewissen folgst.

Wenn es denn zu helfen gilt, dann bist Du ganz vorne. Du wirst aber immer auch in Deiner objektiven Weise dem Menschen seine eigenen Fehler auf den Kopf zusagen – eine Hilfe, die so wichtig ist wie das Geben.

Liebe Carmen, ich kenne sehr, sehr viele Menschen. Aber Dich und Reinhold – das weißt Du – habe ich fest in mein Herz geschlossen.
So bin ich sehr stolz und glücklich, dass ich sagen kann, wir sind Freunde. Das Leben schenkt uns vieles, doch eine Freundschaft, wie die zu Dir und genauso zu Reinhold, ist vielleicht das größte Geschenk.

Ein bisschen abergläubisch war ich schon, da ich meinte, durch Eure Anwesenheit besonders gut spielen zu können. Wenn Ihr nicht da wart – das hab ich Euch nie erzählt – fehlte mir sehr viel!

Robert Schumann sagte einmal, um wirklich Großes am Instrument zu leisten, braucht es geniale Zuhörer.
Ihr seid diese Zuhörer. Ihr lasst Euch von einer Aussage ergreifen, die ja weit über unser Leben hinausgehen mag.

Für Dich, liebe Carmen, und für Reinhold Musik zu machen ist für mich immer eine besondere Herausforderung. Ich erinnere mich, wie wir uns gemeinsam in unseren Emotionen getroffen haben.
Dass Du auch durch Deine Freude an guter Literatur eine weitere Dimension hinzubringst, ist immer bereichernd.

Wenn ich bei Euch wohne, geht mein erster Blick auf die Bücher, die Du für mich mit Bedacht ausgewählt hast und die mir immer etwas Wichtiges gegeben haben. Geschichtliches trifft sich da genauso wie moderne oder ältere Literatur – von Rilke zu Hesse, von Celan zu Schiller. Manchmal habe ich bis zum frühen Morgen in diesen Büchern gelesen, die immer auch zu meiner jeweiligen Lebenssituation passten.

Nach den Konzerten gab es die nächtlichen Sausen bei Euch in der Küche, wo Du auch noch zu später Stunde eine fröhliche Gastgeberin gabst. Hermersberg

habt Ihr mir zu einem zweiten Zuhause gemacht, und es hat mir immer viel
positive Energie gegeben, bei Euch und mit Euch zu sein.

Ich bin voller Dankbarkeit, dass ich eine so wunderbare Frau kennenlernen
durfte, und ich danke Dir, liebe Carmen, für so vieles, was mich im wahrsten
Sinne des Wortes bereichert hat. Das ist es, glaube ich, was eine Freundschaft
ausmacht.

Möge das neue Lebensjahr ein Füllhorn schönster Stunden für Dich bereit-
halten.

Sei herzlich umarmt
von Deinem Justus

Eberhard Heinke an Carmen Würth

»Die meisten Menschen verschwenden mehr Kraft und Zeit darauf, um Probleme herumzureden, anstatt sie anzupacken.«

Zu dieser von Henry Ford beschriebenen Kategorie von Mensch gehört Frau Würth beileibe nicht. Das wusste und spürte ich sofort, als wir uns 1988 in Sassen erstmals kennen- und schätzen lernten.

In den vergangenen fünf Jahren hatte ich mehrfach Gelegenheit, mit Frau Würth über vielfältige Maßnahmen zur nachhaltigen Existenzsicherung der Lebensgemeinschaft Sassen-Richthof zu sprechen. Frau Würth sprudelte vor Wissen und Ideen, war kreativ, dynamisch und zupackend zugleich. Ihre Warmherzigkeit und ihr großes Interesse an den ganz persönlichen, individuellen Schicksalen behinderter Menschen und besonders an der Lebensgemeinschaft in Sassen-Richthof beeindruckten mich außerordentlich. Gemeinsam mit ihrem Gatten, Herrn Prof. Dr. h. c. Reinhold Würth, vertieften wir verschiedene Lösungsmöglichkeiten.

Sehr schnell entschied sich das Ehepaar Würth, die Stiftung Carmen Würth Sassen und Richthof zu gründen. Durch großzügige Spenden und Zuwendungen wurde damit der Grundstein für die nachhaltige Sicherung der Zukunft der Lebensgemeinschaft gelegt.

Carmen Würth hat durch ihr Engagement gemeinsam mit ihrem Gatten wichtige und nachhaltige Initiativen für unsere Gesellschaft insgesamt und besonders für die Lebensgemeinschaft Sassen-Richthof auf den Weg gebracht. Sie hat sich für die Belange der behinderten Menschen große Verdienste erworben.

An ihrem 75. Geburtstag kann Frau Carmen Würth zurückschauen auf ein überaus erfolgreiches und erfülltes Wirken an der Seite ihres Mannes. Beide haben in herausragender und vorbildlicher Weise soziale Verantwortung übernommen, die beispielgebend ist.

»Die Tat ist alles, nichts der Ruhm«, heißt es bei Goethe.

Die Schaffung von heute weltweit 66.000 Arbeitsplätzen in über 400 Unternehmen der Würth Gruppe ist nur mit außerordentlicher individueller Tüchtigkeit sowie unternehmerischer Weitsicht und Durchsetzungskraft zu bewerkstelligen.

Die persönliche Verantwortung für dieses Unternehmen und die mit ihnen verbundenen Menschen sind in der heutigen Zeit vorbildlich. Eine solch immense Lebensleistung gründet in einer starken Gestaltungskraft, in klaren wirtschaftlichen und sozialen Überlegungen und in dem Mut, die Grenzen der eigenen Leistungsfähigkeit in der Herausforderung zu überschreiten.

Dies kann nur gelingen, wenn man Menschen um sich hat, die Halt und Stütze geben. Carmen Würth hat diesen festen und verlässlichen Boden geschaffen, auf dem die Familie Würth und die Unternehmensgruppe wachsen und gedeihen konnten.

Für mich persönlich, aber vor allem für die Lebensgemeinschaft Sassen-Richthof ist Frau Carmen Würth ein Glücksfall.

Liebe Frau Würth,

ich danke Ihnen im Namen der Lebensgemeinschaft Sassen-Richthof e.V. und auch im eigenen Namen für Ihr uneigennütziges Engagement und Ihr großes Herz.

Ich gratuliere Ihnen sehr herzlich zu Ihrem besonderen Geburtstag und wünsche Ihnen in freundschaftlicher Verbundenheit weiterhin beste Gesundheit, Glück und persönliches Wohlergehen.

Ihr
Dr. h. c. Eberhard Heinke

🐱 Christoph Karle an Carmen Würth

*… schon wieder ist acht Uhr abends, und die Turmuhr der Hohebacher Jako-
buskirche schlägt erst viermal und dann hintereinander achtmal mit ihren alten
Glocken. Das Quietschen des Zählwerks wird vom Flügelschlagen der Zwerg-
fledermäuse übertönt, die, aus ihrem Tagschlaf erwacht, durch kleine Öffnungen
aus dem Turmdach in den abendlich blauen Hohebacher Himmel hinausfliegen.
Es scheint so, als öffne sich der Himmel, während die Menschen am Boden
nach getaner Arbeit den Feierabend anklingen lassen.*

*Inmitten dieser Gemütlichkeit sitzt die kleine Katze des Professors unter ihrem
Kieferbäumchen und denkt nach. Hinter grünen Zweigen blitzen zwei helle
blaue Äuglein und zwei spitze Ohren hervor, denen nichts, aber auch gar nichts
entgeht. Bei jedem sanften Windhauch biegen sich die Schnurrhaare bis hinter
beide Ohren und in das Geräusch des Windes mischt sich ein leises gemütliches
Schnurren. Felix denkt gerne nach – ach, was täte der Professor bloß ohne
seinen kleinen Kater. Schließlich wurden all die zahlreichen Ideen – Vorträge,
Buchartikel, Forschungsarbeiten – in dem kleinen süßen Katzenköpfchen
erdacht. Wenn das die Leute als wüssten, wie Wissenschaftler in aller Welt zu
ihren Ideen kommen! Und einmal im Jahr treffen sich all die klugen Katzen
zum Erfahrungsaustausch. Dieses Jahr fand der Kongress in einer alten Stadt
am Neckar statt. Ja, natürlich – bei all den alten Gemäuern wimmelt es nur
so von Mäusen. Und damit nimmt die Logik ihren Anfang: Viele Mäuse bedeutet viele Katzen, viele Katzen bedeutet viele Ideen für viele Professoren! Stand-
ortfaktor nennt man dies neudeutsch! Daraus erschließt sich auch schon eine
viel hinterfragte Tatsache, die viele Köpfe umtreibt. Schließlich ist es heute besonders elegant, Gene zu finden, deren ererbte oder erworbene Veränderung Menschen krank macht. Und hat man sie einmal gefunden, so wird sogleich ein*

transgenes Mausmodell daraus erstellt! Klar, man hätte natürlich auch transgene Fliegen, Hunde, Pferde oder Elefanten generieren können. Doch die Labors der Welt werden schließlich von Katzen regiert, sie haben die Ideen, und deshalb wird in den Labors der Welt »gemaust«, was das Zeug hält.

Felix, der glückliche Kater! Schon halbe Nächte hindurch hat er auf dem Schreibtisch des Professors zugebracht und ihm beim Schreiben zugesehen. Anschließend hat er ihn zu Bett begleitet, um dann friedlich schnurrend am Fußende des Bettes die restliche Nacht zu verbringen. Von umfangreichen Forschungsarbeiten geprägt und mit einem eigentümlichen zirkadianen Rhythmus versehen, ist es morgens an ihm, den verschlafenen Professor aus dem Bett zu bringen – hin zu seiner Praxis, wo bereits 20 Leute auf ihn warten.

Hm ... Betablocker koppelt an Kinase, die G-Proteine phosphoryliert. Über Gs Vermittlung an die Adenylatzyklase, cAMP an Anchoring Proteins und dann ... ja dann werden Proteinkinasen aktiviert, die wiederum Ionenkanäle phosphorylieren. So war das doch, oder? Felix denkt an eine der vielen Arbeiten, die zur Aufklärung von Herzrhythmusstörungen weltweit beigetragen haben. Klingt kompliziert ... ist aber nicht schwierig gewesen, denkt Felix.

Doch die heutige Aufgabe ist schwierig, sehr schwierig, ganz besonders schwierig – der Professor war ratlos, als er davon erfuhr. Schließlich hat morgen eine liebe Freundin Geburtstag und es muss ein besonderes Geschenk gefunden werden. Ein ganz besonderes Geschenk für einen ganz besonders lieben Menschen. Ihr ganzes bisheriges Leben ist sie schließlich für andere da gewesen und das ist ihr auch für die Zukunft ganz besonders wichtig. Ihre ganz besondere Liebe gilt den Benachteiligten, den Behinderten, den Kranken. Als Berater berühmter Persönlichkeiten hat sie beachtliche Erfolge erzielen können, doch das ist noch nicht alles. Sie ist Mutter, Ehefrau, Großmutter, Urgroßmutter, Unternehmerin gleichermaßen, aber vor allem ist sie Mensch – und immer Mensch geblieben. Mit tollen Ideen leistet sie Hilfe zur Selbsthilfe – und sie sammelt – glückliche Gesichter. Ja ... glückliche Gesichter sind ihr sehr, sehr wichtig.

Das ist es …, denkt Felix! Glückliche Gesichter! Und das Schnurren des kleinen Katers wird immer lauter. Schön ist alles, was Himmel und Erde verbindet, denkt Felix, … der Regenbogen, die Sternschnuppe, der Tau, die Schneeflocke – doch am schönsten ist das Lächeln eines Kindes. Ist es uns vergönnt, so entzündet sich in unserem Herzen ein Licht, das uns Liebe, Freude und Glück spendet.

Der kleine Raim aus Kirgisistan dankt Frau Würth für ihr großes Engagement für geistig Behinderte und wünscht weiterhin alles Gute!

Verehrte, liebe Frau Würth, leider bin ich kein großer Schriftsteller und auch sonst kein großer Künstler. Stattdessen teile ich mit Ihnen die Liebe für die Schwachen und Benachteiligten, die Kranken, die Behinderten und die Kinder.

Kinder sind nicht nur unsere Zukunft. Sie haben das Recht auf eine gute Gegenwart, auf Fürsorge, Geborgenheit und Liebe. Und dies gilt nicht nur für Kinder, die mit dem besonderen Privileg guter Gesundheit gesegnet sind, son-

dern auch – und in ganz besonderem Maße – für die behinderten Kinder. Diesen Kindern gehört Ihre Fürsorge und Liebe – und dafür danken wir Ihnen. In ganz besonderer Weise haben Sie diese Kinder in Ihr Herz geschlossen. Ihr großes Engagement für die Integration von behinderten Kindern, Jugendlichen und jungen Erwachsenen im Hotel Anne-Sophie, der Lebensgemeinschaft e.V. Sassen und vielen anderen Organisationen verdient größte Anerkennung und Dank.

Ganz besonders danken wir Ihnen für die liebevolle Unterstützung der mehrfach geistig und körperbehinderten Kinder und Waisen des Kinder-Rehabilitationszentrums Nadjeshda in Kirgisistan. Dieses Zentrum unterstützen Sie schon seit vielen Jahren materiell, humanitär und mit viel Gefühl für die Bedürfnisse von behinderten Kindern. Wir sind froh, dass Sie uns auf das Leid der Kinder aufmerksam gemacht und uns gezeigt haben, wie wir zum Wohle der Kinder mithelfen können.

Leider gelingt es uns als Menschen oftmals nicht, Krankheitsschicksale abzuwenden – doch allein das Lindern und die Liebe für andere kann etwas Bleibendes bewirken.

Heute an Ihrem Geburtstag wünschen wir Ihnen von ganzem Herzen alles, alles Gute! Mögen Ihnen noch viele, viele Jahre geschenkt werden, in Glück und Gesundheit – an der Seite Ihres Mannes und im Kreis Ihrer Familie.

Ihr Christoph Karle

❤ Uta Kutter an Carmen Würth

Sprich

Sprich
lieber Freund
ich weiß
du kannst zaubern

Mach aus der Welt
ein Wort

Dein Wort
ist eine Welt

Rose Ausländer

Nicht die schimmernde That vor dem Auge der
Welt – nicht das stürmende Klatschen des Beyfalls
der Menge – die innere Quelle der That ists, die zwi-
schen Tugend und Untugend entscheidet. Liebe zur
Glückseeligkeit muß diese Quelle seyn. Sie, diese
Liebe ist es, die zwischen zwey Gegenneigungen den
Ausschlag geben soll. Sie, die alles überwägen muß.

Friedrich Schiller

Sie, verehrte, liebe Frau Würth,

zählen zu den besonderen und herausragenden Persönlichkeiten, die darum
wissen, was die Künste und Bildung vermögen.

Die Begegnungen mit Ihnen zählen zu den wertvollsten: ein Blick, ein Wort
von Ihnen – das genügt. Alle, die wir Sie kennen, sind uns darin einig, die
vielen jungen Künstler und Pädagogen, Freunde wie Mitglieder des Kuratoriums und Vorstandes, sowie ganz persönlich Annikke Fuchs-Tennigkeit und
ich: Die Momente mit Ihnen sind Bereicherung.

Im Nachsinnen und -denken unserer Akademie über Carmen Würth kamen
spontan folgende Assoziationen und Erinnerungen, fielen folgende Worte:

»… die starke Fähigkeit der Zuwendung, der Achtung, die sie dem Gegenüber
entgegenbringt …«

»… die Tiefe den Mitmenschen gegenüber, die aus einer großen, inneren Kraft
und Liebe gespeist sein muss …«

»… ein ungemein liebenswürdiger, interessierter und in jeder Hinsicht offener
Mensch, eine ungemein charmante Persönlichkeit, die ihre Meinung hat und
sehr beharrlich diese umzusetzen weiß.«

»… mit Carmen Würth, die sehr starke literarische Neigungen hat, kam ich
in Kontakt über eine Mörike-Novelle. ›Den alten Silvester‹ verbinde ich nicht
zuletzt mit ihr.«

»… Carmen Würth versteht es, in einem großen Saal – wie in Kapstadt –
vor vielen hundert Menschen durch ihre kraftvolle Ruhe eine andere Farbe in
den Raum zu bringen: eine Kraft, die zusammenbringt.«

»… eine immer wertschätzende Distanz, den Freiraum des Anderen achtend.
Eine reiche, eine ehrliche, eine gefüllte Distanz, wenn es so etwas geben kann …«

»Carmen Würth kann alles sagen, ohne zu verletzen; ihre Wärme von Mensch zu Mensch, ihre tiefe liebende und verstehende Zuwendung.«

Nach einem Besuch des Sprecherensembles in Künzelsau, im Hotel Anne-Sophie: »Frau Würth – warmen, wachen Auges, lebendig und nahbar, stellt sie uns schließlich eine selbst getroffene, wunderbar gebundene Auswahl bewegender Poesie vor, welche jedem Gast des Familienhotels zur Nacht gereicht wird. Man denke nur: Gedichte und Geschichten auf jedwedem Kopfkissen – und von dort vielleicht in Hirn und Herz! Eine Geste, welche – machte sie Schule – die Welt ganz bestimmt verändern würde.«

»… ihre Bodenständigkeit, ihr großes, von Herzen kommendes Engagement, dieses Nicht-Abgehobensein nach vielen Jahren des Erfolgs …«

»Die Begegnungen entheben dem Alltag, man vergisst die Hektik der Zeit. Es gilt das Jetzt: eine eigene Welt entsteht, ein eigener Raum. Diese menschliche Haltung zu erleben ist zutiefst beeindruckend, und es erzeugt großen Respekt, sich diese im Getriebe der Welt erhalten zu haben.«

»Es ist schön, dass es Menschen wie sie in dieser Welt gibt.«

Ihren alltäglich gelebten Sinn für den Fall des Tones, liebe Frau Würth, schätzen wir so sehr. Sie stehen dafür, jeden Einzelnen in seinen Äußerungen und seinem Ton ernst zu nehmen. Sie stehen ein für das Wort und für die Worte durch Ihr Tun und Ihre Person – im Zwischenmenschlichen und Alltäglichen, in der Kunst und in der Bildung.

Liebe Frau Würth, für Ihren klaren Blick auf das Wesentliche und das Menschliche, für Ihre fortwährende Unterstützung des Wortes und seiner Entgegnung bleiben mir nur die Worte: Wir danken!

Ich danke Ihnen im Namen des Vorstandes und des Kuratoriums der Akademie für gesprochenes Wort, im Namen unseres von Ihnen geförderten Sprecherensembles und aller Mitarbeiterinnen und Mitarbeiter.

Die Akademie für gesprochenes Wort dankt und gratuliert Ihnen sehr herzlich, dies auch mit einer Auswahl »gesprochener Worte«, einer von Mitgliedern des Sprecherensembles für Sie exklusiv eingesprochenen CD-Aufnahme mit ausgewählten Dichtungen von Schiller, Hölderlin, Rilke, Brentano, Eichendorff, Gernhardt, Heißenbüttel, Kaléko, Pavese, Rose Ausländer und anderen.

Ihre
Uta Kutter

Monique und Werner Spies an Carmen Würth

Liebe Carmen,

die Zusammenarbeit im Kunstbeirat, zu erleben, mit welcher Passion Reinhold sich für Kunst, den Mehrwert für die Seele, einsetzt, war für mich eines der großen Erlebnisse in meinem Leben.

Und zu sehen, mitzubekommen, wie Du für Dich auf völlig andere, selbstständige Weise ein Königreich der Güte und der Hilfsbereitschaft geschaffen hast, ist für uns zu einer wunderbaren Lehre der Menschlichkeit geworden, die uns zutiefst berührt.

Wir lieben Dich und wir lieben die Liebe und Güte, die Du den anderen so großzügig schenkst.

Dir aus ganzem Herzen

Deine Monique und Werner

… vor dem Berliner Reichstag, 1995

… zu Besuch bei Christo und Jeanne-Claude in New York, 2005

Markus in vertrauter Umgebung

❧ Glückliche Dörfler
In Sassen und Richthof wird gute Gemeinschaft gelebt

»Manchmal habe ich den Eindruck, die da draußen sind weit mehr behindert als wir hier drinnen.« Mit »draußen« meint Hausmutter Monika Battenberg die Welt jenseits der Dorfgemeinschaft. Dort, wo die Leute ruhelos um ihren Vorteil kämpfen, oft kaltherzig und mit spitzen Ellbogen. Wo das Miteinander vom Gegeneinander ausgezehrt wird. Wo hektische Betriebsamkeit kaum Raum lässt für Müßiggang und menschliche Zuwendung. Nimmt man die Welt »draußen« so wahr, dann ist die Lebensgemeinschaft Sassen-Richthof e.V. in der Tat ein wohltuender Kontrast.

Schnell wird »die Wand im Kopf durchbrochen«, wie Kurt Eisenmeier die Vorbehalte gegenüber Behinderten nennt. Kaum angekommen, wird der Gast von einer wohligen Leichtigkeit erfasst. Die idyllische Lage und die Wärme, die Menschen und Häuser gleichermaßen ausstrahlen, verfehlen ihre Wirkung nicht. Unweigerlich kommt einem Goethes Faust in den Sinn: »Hier bin ich Mensch, hier darf ich's sein!«

Ganz Mensch sein dürfen vor allem jene 250 Dörfler, die nicht der geistigen und körperlichen Norm entsprechen. Die, wie Markus Würth, im hessischen Hügelland unweit von Fulda einen Ort gefunden haben, der ihnen Heimat geworden ist. Möglich gemacht haben das Menschen wie Kurt Eisenmeier (1925 – 2011), die in den »anonymen öffentlichen Einrichtungen« eine höchst unbefriedigende Lösung sahen und deshalb unter hohem persönlichem Einsatz vor nun bald einem halben Jahrhundert den hochtrabenden Anspruch der »Integration« in ein praktisches Miteinander von Behinderten und Nicht-Behinderten wandelten. Sie bauten nach und nach 27 Wohnhäuser, in denen jeweils bis zu zwölf Behinderte in Familienverbünden leben. Mittlerweile 16 Werkstätten, in denen die Behinderten handwerkliche Fertigkeiten und persönliche Nützlichkeit beweisen können. Und all die notwendigen Einrichtungen, die eine lebendige Dorfgemeinschaft braucht. Dass auch die alten Fachwerkbauten des einstigen Hofgutes

Sassen sorgsam renoviert wurden, gibt dem Anwesen den Charme einer organisch gewachsenen Ansiedlung. Zumal dies alles von Koppeln, Wäldern, Äckern und Wiesen umgeben ist, die von den Dörflern ökologisch-dynamisch bewirtschaftet werden. Man ist weitgehend Selbstversorger. Lebt gesund und unabhängig.

Was in den 1960er-Jahren mit 17 Pfleglingen und sechs Betreuern sehr bescheiden begonnen hat, ist mittlerweile zu einem familiären Großbetrieb mit rund 500 Mitgliedern herangewachsen, der heute sogar für Schwerstbehinderte eine eigene Pflegestation vorhält und auch die Senioren mit der gewohnten Herzlichkeit betreut. Organisatorisch ist Sassen-Richthof eine Art anthroposophische Kommune mit hohem demokratischem Anspruch. Jeden Mittwochvormittag werden alle wichtigen Entscheidungen gemeinsam getroffen, von der Auswahl eines Architekten bis zum neuen Mitarbeiter. Nicht starre Dienstpläne regeln den Alltag, sondern konkrete Bedürfnisse. »Auch deshalb ist die Lebensgemeinschaft e.V. um ein Drittel billiger als klassische Behinderteneinrichtungen«, rechnet Kurt Eisenmeier im Gespräch mit dem Autor vor. Um den Unterschied zu verdeutlichen, zitiert Sassens sanfter Senior gerne die Beobachtung eines Behinderten, die dieser hinsichtlich eines Praktikanten anstellte: »Er ist nicht sozial und er arbeitet nicht. Warum heißt er Sozialarbeiter?«

Das ist des Dörflers Kern: Die Nächstenliebe kommt von innen und ist nicht durch Paragrafen verordnet. »Man muss die Menschen lieben, die Behinderten achten und auch etwas Humor haben«, beschreibt der Senior das notwendige Rüstzeug für Bewerber, die stets zahlreicher als die freien Stellen sind. »Liebe ohne Respekt ist keine Liebe«, ergänzt Carmen Würth an diesem sonnigen Frühjahrsnachmittag 2011 bei einem der letzten gemeinsamen Gespräche – und hat, wie so oft, den passenden Bibelspruch parat: »Deine Sprache verrät dich.« Kurt Eisenmeier und Carmen Würth sind überzeugt, dass die Behinderten in Sassen und Richthof richtig angesprochen werden, nämlich mit dem Herzen. Auch das ist ein Vermächtnis des großen Rudolf-Steiner-Gelehrten Eisenmeier: »Behinderte sind, wenn man sie richtig behandelt, glückliche Menschen.« In Sassen und Richthof schaut man in viele glückliche Gesichter. Bei der Rückfahrt ins »Draußen« steigt leichte Wehmut auf.

❧ »Echt cool hier«
Das Hotel-Restaurant Anne-Sophie ist eine
Oase der Menschlichkeit

Das Lob quillt über. »Sie beglücken die Gäste in Gaumen und Herz, dass sie vergessen des Alltags Schmerz«, reimt eine »5er-Gruppe« zum Abschied. »So viel Achtsamkeit und Fürsorge geben Kraft für die eigenen Aufgaben«, bedankt sich eine Familie aus Niedersachsen. »Ihr solltet 5 Sterne bekommen!«, fordert eine andere aus Bayern. Eine Radlergruppe gibt »die Note 1 für fantastische Küche, tollen Service und außergewöhnliche Herzlichkeit«. Clemens aus Ingelfingen schreibt knapp: »Ey man, echt cool hier.«

So geht es mittlerweile sechs Gästebücher lang. Seite an Seite reihen sich Respekt und Dankbarkeit. Die einen hinterlassen ein schlichtes »Weltklasse!«, andere beschreiben das Hotel-Restaurant Anne-Sophie ausführlich als »Wohltat für Körper, Geist und Seele«. Und alle zusammen versprechen: »Wir kommen gerne wieder!«

Für ein Hotel-Restaurant ist dies wohl die edelste aller Auszeichnungen: zufriedene Kunden, die auch noch mit einer Botschaft des Herzens bezahlen und zugleich den guten Ruf werbend in die Welt tragen. Sie sind so wertvoll wie die vielen Preise und Ehrungen, die der besonderen Herberge im Zentrum von Künzelsau von fachkundigen Jurys inzwischen regelmäßig zugesprochen werden. Und das ausgerechnet einem Hotel- und Gastronomiebetrieb, der zum Teil von behinderten Menschen betrieben wird.

Alle zusammen, Experten wie Kunden, bestätigen damit den Erfolg eines Konzepts, das Anfang der 1990er-Jahre als »verwegene Idee« im Kopf von Carmen Würth heranreift und seit 2003 den tagtäglichen Praxistest mit

Die Belegschaft des Hotel-Restaurants Anne-Sophie, 2012

Auszeichnung besteht: Menschen mit Behinderung eine sinnvolle Beschäftigung geben. Zugleich aber den Nicht-Behinderten, die man gemeinhin »normal« nennt, zeigen, wie Integration herzlich gelebt werden kann. Also nicht mit Worten, sondern mit Taten vorführen, was Menschen zu leisten vermögen, denen man in einer auf Effizienz bedachten Gesellschaft oft leichtfertig die Nützlichkeit abspricht. Nicht abschieben in »beschützende« Einrichtungen, sondern teilhaben lassen am Leben. Zusammenhalt statt Ausgrenzung.

Dabei denkt Geschäftsführerin Würth auch sehr praktisch: Der Gastronomie und dem Hotelgewerbe fehlt der Nachwuchs. Warum also nicht denen eine Chance geben, die sonst durchs Raster fallen, weil sie nicht genügend Ellbogen einsetzen, nicht schnell genug sind und angeblich nicht »richtig« funktionieren? »Menschen mit Behinderung sind stolz, hier arbeiten zu dürfen. Ihnen ist keine Arbeit zu gering. Ihre Aufgaben, ob Betten machen oder Gläser trocknen, erledigen sie mit Spaß und Freude«, fasst Hotel-Direktorin Yvonne Schmidt ihre nun bald zehnjährigen Erfahrungen zusammen.

So liegt der Vorteil nicht nur in der angenehmen Atmosphäre, im behaglichen Nachtlager oder der vorzüglichen Küche. Es ist auch nicht allein das Betthupferl, das in der eigenen Bäckerei liebevoll hergestellt wird, oder die Herzlichkeit, die an allen Ecken spürbar ist. Es ist dieses wohlige Gefühl der tiefen Zufriedenheit, dass man in einer Oase der Menschlichkeit Mensch sein darf. Als Mitarbeiter und als zahlender Gast.

Oder wer es gerne ökonomischer mag: Die Rendite des Herzens ist deutlich höher, als es die nackten Zahlen vermitteln. Sie schlägt sich nieder in zufriedenen Gesichtern von Menschen, deren Leistung endlich wertgeschätzt wird. Bei Familien, die nun ihre behinderten Angehörigen gut ausgebildet (IHK-Abschluss!) wissen. Bei Gästen und Konzernmitarbeitern, denen körperliche Unversehrtheit plötzlich wieder als hoher Wert bewusst wird. Bei Delegationen, die beeindruckt sind von einer »Behinderteneinrichtung«, die auch in Stil und Ambiente höchsten Ansprüchen genügt und nicht den üblichen »Linoleum-Charme« versprüht. Und schließlich in der Konzernbilanz, die für den höheren Aufwand an Personal eben keine Behindertenabgaben entrichten muss und an sozialem Image gewinnt.

Dahinter steckt freilich viel Arbeit. Denn die Ansprüche an einen Drei-Sterne-Plus-Betrieb und an das angeschlossene Hotel im »Würzburger Bau« mit sogar vier Sternen sind hoch. Einen Behindertenrabatt geben auch die Gäste nicht. Entsprechend anspruchsvoll ist die Arbeit, die auch den Mitarbeitern mit Handicap abverlangt wird. »Man sieht, was möglich ist, wenn man bereit ist, ein bisschen mehr Zeit zu investieren«, lobt Direktorin Schmidt den Lernerfolg ihrer Schützlinge. »Sie gleichen ihre Defizite

Carmen Würth wirbt in den Medien für die Idee des Hotel-Restaurants Anne-Sophie

mit Engagement und Freude an der Arbeit aus. Da kommt auch viel zurück. Wir dürfen eine Dankbarkeit und eine Arbeitsfreude erleben, die es im normalen Arbeitsleben wohl eher selten gibt.«

Das »grundehrliche Klima« (Carmen Würth) schlägt sich offenbar auch auf die Gäste nieder. Obwohl das Anne-Sophie und der Würzburger Bau unter anderem mit wertvollen Antiquitäten stilvoll ausgestattet sind, ist bisher noch nichts weggekommen. »Außer einer Bibel«, sagt Direktorin Schmidt mit einem augenzwinkernden Blick auf den oft gewaltigen »natürlichen Schwund« in anderen Hotels.

Es ist also fürwahr ein »Ausgewählter Ort«, zu dem die Initiative Land der Ideen unter der Schirmherrschaft des Bundespräsidenten das Anne-Sophie 2007 gekürt hat. Und es ist ein Beleg für die kluge Entscheidung der Stadt Künzelsau, Carmen Würth 2003 zur Eröffnung des Hotel-Restaurants zur Ehrenbürgerin zu erheben. Doch ebenso dürfte sich die Ini-

*Bürgermeister Volker Lenz verleiht Carmen Würth 2003
die Ehrenbürgerwürde der Stadt Künzelsau*

tiatorin über jenen Brief eines Managers freuen, der sich für sein unwirsches Auftreten entschuldigt und dankbar eingesteht, dass ihm der Aufenthalt im Hotel-Restaurant Anne-Sophie »die Augen für das Wesentliche im Leben geöffnet hat«. Die Arbeit mit Behinderten als Management-Schule – das ist ganz nach dem Geschmack von Carmen Würth.

❤ Axel Robert Müller* und Carmen Würth im Gespräch über die Philosophie des Hotel-Restaurants Anne-Sophie

Axel Robert Müller:

Guten Morgen. Ich bin sehr gespannt auf unser Gespräch, weil wir auch ein bisschen etwas erfahren werden aus Ihrem Privatleben. Sie wissen, ich bin da recht unschüchtern – Herr Würth wird nervös –, ich möchte aber zunächst über mein erstes Erlebnis mit Würth sprechen.

Ich war zwölf Jahre alt und bei einem Fechtturnier in Tauberbischofsheim, da gab's ganz schicke Kulis – Würth als Sponsor, das war mein erster Kontakt. Meine Eltern haben dann gesagt: Nein, Würth hat mit Kugelschreibern gar nichts zu tun, das sind die Menschen, die sich auch für Kunst engagieren und für soziale Projekte.

Und so ein soziales Projekt haben wir gesehen auf den Bildern, die gerade gezeigt wurden. Das Hotel-Restaurant Anne-Sophie ist ein Projekt, das Ihnen persönlich am Herzen liegt. Was ist denn das Besondere beim Anne-Sophie?

Carmen Würth:

Also – vielleicht muss ich so anfangen: Die Berührung, die ich heute Morgen empfunden habe bei den Worten von Bischof Tutu, ist eigentlich genau das, was unser Hotel Anne-Sophie zu leben versucht. Der Bischof hat sehr viel über die Liebe gesprochen. Dazu passt das Logo dieses Jahres. Ich finde, es ist das schönste Logo, das wir je hatten.

---

* Axel Robert Müller, Radiosprecher beim Bayerischen Rundfunk, ist immer wieder im Unternehmen Würth als Moderator engagiert. Das Gespräch wurde 2008 auf dem Würth Kongress in Südafrika aufgezeichnet.

Carmen Würth auf dem Würth Kongress in Kapstadt 2008

Wir reden sehr viel über Gesundheit. Hinsichtlich der Gesundheit des Unternehmens hat mein Mann erklärt, was da wichtig ist. Das Arbeiten habe ich ja nun auch gelernt – aber wenn als Basis immer nur der Fleiß, der Einsatz, das Engagement gilt, egal, was wir tun, dann vermisse ich persönlich etwas. Meine Erfahrung ist: Allem, was wir ohne Liebe tun, auch wenn es Spaß oder Freude macht, dem fehlt etwas.

Es muss gut überlegt sein, was das Wort »Liebe« bedeutet. Wir wissen durch Forschung und Wissenschaft, dass die Wiege der Menschheit in Afrika stand. Seit heute Morgen meine ich, dass auch die Liebe hier entstanden ist. Beispielsweise hat Südafrika gezeigt hat, was die Menschen hinbekommen ohne Krieg, nämlich durchhalten, mit Liebe, mit der Kraft der Liebe. Ich wünsche mir sehr, dass wir das alle mit nach Hause nehmen.

Wir sollten nicht nur erfolgreich sein in unserem Handeln und Tun, sondern wir sollten auch jeden Tag überlegen: Wie kann ich persönlich meinem Nächsten die Liebe entgegenbringen, die wir Christen sozusagen als elftes Gebot haben, ein Gebot, das auch Jesus uns mitgegeben hat: die Nächstenliebe. Danach sollen wir handeln und sie jeden Tag üben, etwa indem wir überlegen: Wobei kann ich heute meinen Nächsten ein freundliches Lächeln schenken, wie eine Aufmunterung? Und damit kann ich nun überleiten zu unserem Hotel Anne-Sophie.

Das Hotel Anne-Sophie ist eigentlich deswegen geboren worden, weil – wie Sie wissen oder die meisten von Ihnen wissen – wir einen behinderten Sohn haben. Weil wir aus diesem Grund – und hier kann man wieder vergleichen mit Südafrika – wissen, wie es ist, wenn Menschen ausgegrenzt werden, wenn sie ihre Würde verlieren, wenn sie nicht respektiert werden, geliebt werden, geachtet werden. Das passiert eben auch mit Menschen in unserer Gesellschaft in der Bundesrepublik Deutschland. Dass Menschen, geistig behinderte Menschen, einfach ausgegrenzt sind, dass wir sie gar nicht erleben in unserer Gesellschaft, dass sie irgendwo in Heimen, in speziellen Einrichtungen leben und arbeiten.

Reinhold und Carmen Würth mit Axel Robert Müller im Gespräch

Wir haben nun nicht gedacht, es sei die beste Form der Begegnung, Menschen mit Behinderung irgendwo in die Gesellschaft einzubringen, vielmehr haben wir anders herum gedacht: Die Gesellschaft ist es, die in Berührung kommen muss mit den Menschen mit Behinderung. Sie, die sogenannten Gesunden, haben nämlich die Hemmschwelle, sie haben Hemmungen, mit ganz normalen Menschen, die einfach ein Handicap haben, umzugehen. Ein großes Herz und Liebe helfen, diese Hemmungen zu überwinden.

Heute mit dabei ist Yvonne Schmidt. Sie ist die Leiterin des Hotels. Es zählt nun 45 Mitarbeiter. Die Hälfte davon sind geistig behinderte Menschen mit verschiedenen Graden von Handicaps. Wir alle mussten lernen, mit ihnen umzugehen. Lernen, den Spagat zu schaffen zwischen einem erfolgreichen Hotel, sehr viel Gastlichkeit, sehr viel Qualität und der Begleitung dieser Menschen mit Handicap. Sie jeden Tag die Liebe spüren zu lassen.

Und sie dürfen mir glauben, die Liebe kommt von diesen Menschen unglaublich stark zurück. Das ist etwas Wunderbares. Wenn wir das einmal erlebt haben, werden wir es wirklich vermissen in unserem Alltag. Deshalb ist es ganz wichtig, dass uns, die wir nun nicht die Chance haben, jeden Tag mit behinderten Menschen zu tun zu haben, dass uns die Liebe begleitet. Dafür könnten wir uns einfach das Herz hier mitnehmen. Vielleicht kann man es in jedes Büro hängen. Damit wir uns erinnern an den heutigen Tag, an das, was Bischof Tutu uns gesagt hat. Das Land Südafrika ist eigentlich nur durch die Liebe entstanden – Nelson Mandela hat es vorgelebt.

Es gibt Menschen hier in diesem Land, die wir uns einfach als Vorbild nehmen sollten. Ich glaube, das wäre ein großer Erfolg für den ganzen Kongress. Ich danke Ihnen.

Axel Robert Müller:
Ich habe jetzt wirklich Gänsehaut bekommen, während ich zugehört habe, wie Sie über das Hotel Anne-Sophie gesprochen haben.

Zu meiner Geschichte nur noch: Ich hab Zivildienst gemacht und hatte dabei viel mit behinderten Menschen zu tun. Vor allem mit Rollstuhlfahrern. Und der Gag ist ja: Wir haben Berührungsängste, aber die, die betroffen sind, eigentlich gar nicht. An eine Szene erinnere ich mich: Ich habe auch immer »Essen auf Rädern« serviert – so heißt das in Deutschland: Man kommt mit dem Auto hin, bringt den Menschen, die nicht aus dem Haus gehen können, das Essen und sagt: »Bitteschön, hier Ihr Essen auf Rädern.« Sagt der Rollstuhlfahrer zu mir: »Moment, das bin doch ich, wenn ich esse.« Da denkt man erst mal: Oh Gott, so einen Witz darf man doch nicht machen. Aber Integration heißt ja: normal behandeln. Und genau dieser Geist ist im Hotel Anne-Sophie zu spüren.

Bettina Würth:
Ich glaube, meine Mutter hat vollkommen recht, dass Frau Schmidt hier einen großen Teil trägt und diesen Geist tagtäglich umsetzt. Aber ich glaube auch – das konnte jeder hier und heute merken –, dass dieser Geist außerdem natürlich sehr stark geprägt ist durch meine Mutter. Sie ist bloß viel zu bescheiden, das auch mal zu sagen.

Axel Robert Müller:
Bei Ihnen, Herr Professor Würth, ist es wie bei anderen Geschäftsmännern: Ohne die starke Frau im Rücken, wir haben das jetzt eindrucksvoll gesehen, läuft eigentlich nichts.

Frau Würth – jetzt gucken Sie bitte zu mir, sodass er Sie nicht beeinflussen kann –, wie ist das denn gewesen, als Ihr Mann noch viel mehr operativ eingebunden war? Wenn er mal nach einem Tag ganz genervt nach Hause kam? So was kommt ja vor. Wie haben Sie ihn denn da wieder runtergebracht zum Entspannen?

Carmen Würth:
Nun, am besten hilft, ihm sein Lieblingsessen zu kochen.

Alle anwesenden Mitglieder der Familie erhalten den »Familie-Würth-Award«
anlässlich der ersten Umsatzmilliarde im Jahr 2007
von der Adolf Würth GmbH & Co. KG

Fotos:
Paul Swiridoff (†), Schwäbisch Hall: Umschlag
Andi Schmid, München: S. 2, 11 unten, 15, 20, 29, 43, 46, 48, 49, 50-52, 54, 56,
60, 63, 64, 72, 77, 82, 85, 87, 102, 108, 131
Eva Maria Kraiss, Michelbach a. d. Bilz: S. 12, 16, 137
Evangelos Goros, Heilbronn: S. 98
Axel Müller, Sassen: S. 67, 104, 132, 134
Privatarchiv Hans-Peter Linhardt, Pfullendorf: S. 26, 28, 35
Firmenarchiv Adolf Würth GmbH & Co. KG, Peter Petter:
S. 6, 11 oben, 38, 41, 47, 53, 59, 71, 79, 91, 93, 94, 112, 139, 140, 142, 147
Scanner GmbH, Künzelsau: S. 19

Lektorat:
text_dienst Isolde Bacher, Stuttgart

Gestaltung:
Peter Langemann, München

Druck und Bindung:
Passavia Druckservice, Passau

© 2012 die Autoren
und Swiridoff Verlag, Künzelsau
ISBN 978-3-89929-254-1